شبلی کے علمی و فکری گوشے

(مضامین)

علامہ شبلی نعمانی

Shibli ke Ilmi-o-Fikri Goshey *(Literary Essays)*

by: Shibli Nomani

Edition: December '2025

Publisher :

Taemeer Publications LLC (Michigan, USA / Hyderabad, India)

ISBN 978-93-6908-066-3

9 789369 080663

کتاب	:	**شبلی کے علمی و فکری گوشے** (مضامین)
مصنف	:	**علامہ شبلی نعمانی**
صنف	:	تحقیق و تنقید
ناشر	:	تعمیر پبلی کیشنز (حیدرآباد، انڈیا)
سالِ اشاعت	:	۲۰۲۵ء
صفحات	:	۱۴۲
سرورق ڈیزائن	:	تعمیر ویب ڈیزائن

فہرست

بھاشا، زبان اور مسلمان

ناظرین کو یاد ہوگا کہ ایک سربر آوردہ ہندو ایڈیٹر نے ایک مضمون لکھا تھا جس میں دعویٰ کیا تھا کہ "مسلمانوں نے تعصب مذہبی کی وجہ سے ہندی علم و ادب پر کبھی توجہ نہیں کی اور اگر اتفاقیہ کسی نے کچھ کی تو اس کو مسلمانوں نے کافر کہہ کے پکارا۔" اس کا جواب الندوہ کے پرچہ میں "مسلمانوں کی بے تعصبی" کے عنوان سے لکھا گیا تھا، جس میں مسلمانوں کی ان فیاضیوں کو بہ تفصیل دکھا گیا تھا، جو سنسکرت اور بھاشا کی تصنیفات کی حفاظت اور ترجمے اور اشاعت کے متعلق ان سے ظہور میں آئیں۔ یہ مضمون اسی کا دوسرا حصہ ہے، اس میں یہ دکھایا ہے کہ ترجمے اور اشاعت کے علاوہ مسلمانوں نے خود بھاشا زبان میں کیا کیا تصنیفات کیں اور بھاشا کی شاعری میں کس درجے کا کمال پیدا کیا۔

یہ امر بھی اس موقع پر لحاظ کے قابل ہے کہ سنسکرت زبان ایک مدت سے متروک ہے، یعنی ایک زمانہ دراز سے خود ہندو بھی اس زبان میں تصنیف و تالیف نہیں کرتے اور اسلام کے زمانے سے تو غالباً کوئی کتاب اس زبان میں نہیں لکھی گئی۔ ہندوؤں کی تصنیفات یا شاعری جو کچھ ہے، بھاکھا زبان میں ہے، اس لئے مسلمانوں نے بھی جو کچھ لکھا اسی بھاشا زبان میں لکھا۔ عام طور پر مشہور ہے کہ سب سے پہلے جس شخص نے بھاکھا زبان میں شعر و شاعری کی وہ امیر خسرو ہیں، لیکن حقیقت یہ ہے کہ اس سلسلے کا پتا آگے تک چلتا ہے۔ مسعود سعد سلمان جو سلطنت غزنویہ کا مشہور شاعر گزرا ہے، اور جو امیر خسرو سے

تقریباً دو سو برس پہلے تھا، اس کی نسبت تمام تذکرے متفق اللفظ ہیں کہ ہندی زبان میں بھی اس نے ایک دیوان لکھا تھا، تذکرہ مجمع الفصحا میں لکھا ہے، "الحاصل دی راسہ دیوان بود تازی، ہندی و پارسی۔"

اس واقعے سے صرف والہ داغستانی نے اس بنا پر انکار کیا ہے کہ کوئی شخص کسی دوسرے ملک کی زبان میں اس قدر کمال پیدا نہیں کر سکتا کہ اس میں شاعری کر سکے۔ لیکن مولوی غلام علی آزاد نے اس شبہے کو اس طرح رفع کر دیا کہ مسعود سعد سلمان گو خاندان کے لحاظ سے ایرانی تھا، لیکن پیدا لاہور میں ہوا تھا، اس لئے ایک ہندوستان زا کا ہندی میں اس درجے کا کمال پیدا کرنا کچھ بعید نہیں۔ حضرت امیر خسرو نے سنسکرت اور بھاکھا میں جو کمال پیدا کیا وہ محتاج اظہار نہیں، مثنوی نہ سپہر میں انہوں نے خود اپنی سنسکرت دانی کا ذکر کیا ہے، افسوس ہے کہ ان کے بھاکھا کے خالص اشعار آج ناپید ہیں، عام زبانوں پر صرف وہ اشعار ہیں، جن میں انہوں نے فارسی اور بھاکھا کو پیوند دیا ہے، مثلاً،

چوں شمع سوزاں، چو ذرہ حیراں
زمہر آن مہ بگشتم آخر
نہ نیند نیناں نہ انگ چیناں
نہ آپ آویں نہ بھیجیں پتیاں
(آنکھ، بدن، آرام، خط)

اس طرز کے ان کے اشعار عام طور پر مشہور ہیں اس لئے ہم ان کو قلم انداز کرتے ہیں۔

امیر خسرو کے بعد شیر شاہی عہد میں ملک محمد جائسی پیدا ہوئے۔ وہ بھاکھا زبان کے

ایسے بڑے زبردست شاعر تھے کہ خود ہندوؤں میں آج تک ان کا ہمسر نہیں پیدا ہوا۔ پدماوت ان کی مثنوی آج موجود ہے اور گھر گھر پھیلی ہوئی ہے، ہندوؤں میں سب سے بڑا شاعر آخر زمانے کا کالیداس گزرا ہے، جس نے رامائن کا بھاکھا میں ترجمہ کیا ہے۔ نکتہ شناسوں کا بیان ہے، کہ قدرت زبان کے لحاظ سے پدماوت کسی طرح رامائن سے کم نہیں اور اس قدر تو ہر شخص دیکھ سکتا ہے کہ پدماوت کے صفحے کے پڑھتے چلے جاؤ، عربی فارسی کے الفاظ مطلق نہیں آتے اور یوں شاذ و نادر تو رامائن بھی ایسے الفاظ سے خالی نہیں، ملاحظہ ہو۔ رامائن کے بعض اشعار۔

رام انیک گریب نواجے
لوگ بر بر برو براجے
غریب نواز
گنی، گریب، گرام، نرناگر
پنڈت موٹے ملیں او جاگر
غنی غریب

ملک محمد جائسی نے پدماوت کے سوا بھاکھا میں اور بھی دو مثنویاں لکھیں، جو ان کے خاندان میں اب بھی موجود ہیں، لیکن افسوس کہ ان کے چھپنے کی نوبت نہیں آئی۔

اکبر کے زمانے میں ہندی زبان کو اور بھی قبول عام حاصل ہوا۔ نوبت یہاں تک پہنچی کہ امرا اور شہزادے تک ہندی زبان میں شاعری کرتے تھے۔ شہزادہ دانیال (پسر اکبر شاہ) کے ضمنی تذکرے میں جہانگیر اپنی تزک میں لکھتا ہے، "بہ نغمہ ہندی مائل بود، گاہے بہ زبان اہل ہند و باصطلاح ایشان شعرے می گفت، بد نبودے۔"

عبد الرحیم خان خاناں جو دربار اکبری کا گل سر سبد تھا، ہندی شاعری میں کمال کا

درجہ رکھتا تھا، اسی کتاب میں خان خاناں کی وفات کے ذکر میں لکھا ہے، "خان خاناں در قابلیت واستعداد یکتائے روزگار بود وزبان عربی وترکی وفارسی وہندی می دانست واز اقسام دانش عقلی و نقلی حتی علوم ہندی بہرہ وافی داشت و بزبان فارسی و ہندی شعر نکو گفتے۔" جہانگیر کے زمانے میں غواصی نامی ایک شاعر تھا، اس نے طوطی نامہ کو جو نثر میں تھا، اس طرح نظم کیا کہ ایک مصرع فارسی اور ایک ہندی میں تھا۔ اس سے اس کی قدرت زبان کا اندازہ ہو سکتا ہے۔ میر حسن صاحب اا پنے تذکرہ شعرا میں لکھتے ہیں،

"غواصی تخلص در وقت جہانگیر بادشاہ بود، طوطی نامہ بخشی را نظم نمودہ است بزبان قدیم نصفے فارسی و نصفے ہندی بطور بکٹ کہانی۔ سرسری دیدہ بودم شعر آن نظم بہ یاد نیست۔" اسی زمانے میں ملا نوری ایک بزرگ تھے، قصبہ اعظم پور کے قاضی زادوں میں تھے اور فیضی سے نہایت اتحاد رکھتے تھے، وہ اگرچہ فارسی کہتے تھے، لیکن کبھی کبھی ہندی میں بھی طبع آزمائی کرتے تھے۔ ریختہ یعنی اردو زبان کی ترکیبیں بھی ان کے کلام میں پائی جاتی ہیں۔ چنانچہ میر حسن صاحب نے اپنے تذکرے میں ان کا ایک شعر نقل کیا ہے،

ہر کس کہ خیانت کند البتہ نبرسد
بیچارہ نوری نہ کرے ہے نہ ڈرے ہے

اکبری اور جہانگیری دور میں سب سے زیادہ جس نے اس فن میں نام پیدا کیا وہ شیخ شاہ محمد بن شیخ معروف فربلی تھے۔ یہ بلگرام کے رہنے والے تھے۔ اور حصار کی حکومت پر ممتاز تھے، ایک دفعہ سفر میں ایک ہندو لڑکی کی حاضر جوابی ان کو بہت پسند آئی، اس کو ساتھ لائے اور تربیت کی، چنانچہ ان کے اکثر دوہے اور کبت اسی کے ساتھ سوال وجواب میں ہیں۔ ایک دفعہ سفر سے آئے، اس نے ان کو مدت کے بعد دیکھا تو جوش محبت سے اس کی آنکھوں سے آنسو نکل آئے۔ انہوں نے کہا،

کم ورگ دھری سنار

مم آیو بھاریو نہیں

(کیوں تیری آنکھ آبدیدہ ہوئی اے نازنین، کیا میرا آنا پسند نہیں ہوا؟)

اس نے برجستہ کہا،

لینھن نین پکھار

لمن ہتی توکو درس بن

(آنکھ صاف کرنا، گرد آلود تیرے دیدار کے بغیر)

یعنی چونکہ میری آنکھیں تمہاری جدائی میں گرد آلود ہو رہی تھیں، اس لئے میں نے ان کو آنسوؤں سے دھو لیا۔

شیخ محمد کے اشعار نہایت کثرت سے سرو آزاد کے دوسرے حصے ۲ میں نقل کئے ہیں۔

تیموری سلاطین بھاشا زبان کی شاعری کی اسی طرح قدردانی کرتے تھے، جس وہ اپنی شاہی زبان (فارسی) کے قدر دان تھے۔ اور یہ اس بات کا بڑا سبب تھا کہ ہندی شاعری بھی روز بروز ترقی کرتی جاتی تھی۔ راجہ سورج سنگھ نے جب ایک ہندو شاعر کو جہانگیر کے دربار میں پیش کیا اور اس نے ایک اچھوتے مضمون کی نظم پڑھی تو جہانگیر نے ایک ہاتھی انعام میں دیا، چنانچہ خود تزک میں لکھتا ہے، "بایں تازگی مضمونے از شعرائے ہند کم بگوش رسیدہ بہ جلد دے ایں مدح فیلے بہ او مرحمت کردم۔" جہانگیر کے حکم سے ان اشعار کا فارسی میں ترجمہ بھی کیا گیا۔

گر پسر داشتے جہان افروز

شب نہ گشتے ہمیشہ بودے روز

زان کہ چوں او نہفت افسر زر
بہ نمودے کلاہ گوشہ پسر
شکر کز بعد او چنان پدرے
جانشین گشت این چنین پسرے
کہ ز شنقار گشتن آن شاہ
کس بہ ماتم نہ کرد جامہ سیاہ

ان اشعار کا حاصل یہ ہے کہ اگر آفتاب کے کوئی بیٹا ہوتا تو کبھی رات نہ ہوتی کیوں کہ جب آفتاب چھپ جاتا ہے تو اس کا بیٹا، اس کے بجائے عالم افروزی کرتا، خدا کا شکر ہے کہ آپ کے والد (اکبر شاہ) کو خدا نے ایسا بیٹا دیا کہ لوگوں نے ان کے انتقال کا غم نہ کیا۔ ہندی تصنیفات کے ساتھ مسلمانوں کی توجہ کی یہ نوبت پہنچی کہ لوگ ہندی کی مشہور کتابوں کو زبانی یاد کرتے تھے۔ امین رازی تذکرہ ہفت اقلیم میں میر ہاشم محترم کے حال میں لکھتے ہیں، "امروز در ہندست، تمام کتاب مہابھارت را کہ مستجمع اسامی غریبہ و حکایات عجیب است در ذکر دارد۔"

اس مسئلے میں حیرت انگیز بات یہ ہے کہ عالمگیر کو نہایت متعصب کہا جاتا ہے، اور عام خیال ہے کہ وہ ہندوؤں کے علوم اور زبان سے نہایت نفرت رکھتا تھا، لیکن مسلمانوں نے بھاشا زبان پر جس قدر اس کے زمانے میں توجہ کی، پہلے کبھی نہیں کی تھی۔ ضمیر ایران کا ایک مشہور شاعر تھا، وہ عالمگیر کے زمانے میں ایران سے آیا اور شاہی منصب داروں میں مقرر ہوا۔ اس نے بھاشا زبان میں انتہا درجے کا کمال پیدا کیا۔ اگرچہ بھاشا و سنسکرت کے الفاظ کا وہ صحیح تلفظ نہیں کر سکتا تھا، تاہم اس زبان میں نہایت برجستہ اشعار کہتا تھا۔ ہندی میں اس کا تخلص پنچھی تھا۔ یار جاتک جو موسیقی میں ہندی زبان کی

مشہور کتاب ہے، اس کا ترجمہ اسی نے فارسی زبان میں کیا۔ مولوی غلام علی آزاد بلگرامی ید بیضامیں اس کے حالات کے ذیل میں لکھتے ہیں،

"در عہد عالمگیر بادشاہ از ولایت ایران بہ ہند آمدہ و در مسلک منصب داران شاہی انتظام داشت و باوجود آں کہ بہ ہند آمدہ زبان ایں ولایت آموخت اما بواسطہ حدت ذہن در نظم ہندی طبع او آن قدر دخیل شد کہ از جملہ استادان فن برآمد زبانش بہ تلفظ ایں زبان خوب نمی گردید، اما نظم بسیار پختہ واقع می شد در ہندی پتھی تخلص می کرد۔ ترجمہ یا رجاتک در فن رقص و نغمات ہندی ازوست۔" عالمگیر ہی کے متوسلین میں ایک شاعر دانا تخلص تھا، اس کی نسبت مولوی غلام علی آزاد بلگرامی ید بیضا میں لکھتے ہیں، "نظم ہندی بسیار خوب گفتہ۔"

بھاشا کی زبان دانی اور شاعری کا ذوق اس زمانے میں اس قدر عام ہوا کہ بڑے بڑے علما اور حضرات صوفیہ اس میں کمال پیدا کرتے تھے۔ شیخ غلام مصطفےٰ متخلص بہ انسان بہت بڑے پایے کے شخص گزرے ہیں۔ وہ قوم کے کنبو اور مرادآباد کے رہنے والے تھے۔ معقولات کی تحصیل حضرت ملا قطب الدین شہید سہالوی (جد مولانا بحر العلوم) کی خدمت میں کی، حدیث کا فن محدث دہلوی کے خاندان سے حاصل کیا، تصوف میں شیخ جان محمد شاہجہاں آبادی کے مرید تھے۔ طب، نجوم، خوش نویسی، فن جنگ، ان تمام چیزوں میں کمال رکھتے تھے، عالمگیر کے زمانے میں منصب داری کے عہدے پر مامور ہو کر دکن گئے لیکن چند روز کے بعد استعفا دے کر چلے آئے۔ ۱۱۴۲ میں بہ مقام ایلچپور وفات پائی۔ ہندی زبان اور بھاشا کی شاعری میں ان کا جو درجہ تھا اس کا اندازہ مولوی غلام علی آزاد کی عبارت ذیل سے ہو سکتا ہے۔ "علم ہندی بحیثیتے کہ اکثر براہمہ حل غوامض از خدمت شیخ می کردند و شعر ہندی نیز خوب می گفت، صنادید

شعرائے ہندی برہمن در حضور او سر فرود می آوردند و اصلاح کبت و دوہامی گرفتند۔"

سرو آزاد

عبد الجلیل بلگرامی

(مولوی غلام علی آزاد کے نانا) جو عالمگیر کے درباری تھے، ہندی زبان کے ممتاز شاعر تھے۔ فارسی قصیدوں میں بھی کہیں کہیں بھاشا بول جاتے ہیں، چنانچہ ایک قصیدے میں لکھتے ہیں،

اسیس دیکے، کہے ہندوی میں یوں سمت

رہے جگت میں اچل باس یہ وزیر سدا

یہ ذوق اس قدر ترقی کرتا گیا کہ محمد شاہ کے زمانے میں جب راجہ جے سنگھ والی جے پور نے بیس لاکھ کے صرف سے رصد خانہ قائم کیا اور فن ریاضی کے ساتھ نہایت اہتمام کیا تو علمائے اسلام نے اس کے حکم سے شرح چغمنی اور ہیئت کی اور کتابوں کا ترجمہ بھاشا زبان میں کیا۔ چانچہ آزاد، سبحۃ المرجان میں لکھتے ہیں، وقد نقل العلما الاہاند بامر جی سنگھ شرح الچغمنی وغیرہ من کتب للھیئۃ والھندسۃ من العربیہ الی الھندیۃ۔

(سبحۃ المرجان ص ۱۳۴)

(ہندوستان کے علمانے جے سنگھ کے حکم سے شرح چغمنی وغیرہ کتابوں کا جو علم ہیئت اور ہندسہ میں تھی، عربی زبان سے ہندی زبان میں ترجمہ کیا۔) شرح چغمنی اس درجے کی مشکل کتاب ہے کہ اردو میں اس کا ترجمہ نہیں کیا جاسکتا، اس سے قیاس کرنا چاہئے کہ جو علما بھاشا زبان میں اس کا ترجمہ کر سکے، ان کی بھاشا دانی کا کیا رتبہ ہو گا۔

اسی زمانے میں سید نظام الدین بلگرامی نے سنسکرت اور بھاشا کے علم وادب میں نہایت شہریت حاصل کی، سنسکرت کے حاصل کرنے کے لئے بنارس کا سفر کیا اور وہاں رہ

کر اس علم کی تکمیل کی، ہندی موسیقی میں اس درجے کا کمال پیدا کیا کہ لوگ ان کو نایک کہتے تھے۔ چنانچہ اس فن کے متعلق بھاشا میں دو کتابیں تصنیف کیں، ناؤ چندر کا اور مدھنایک سنگار، بھاشا میں مدھنایک تخلص کرتے تھے۔ ۱۰۰۹ میں وفات پائی، کلام کا نمونہ یہ ہے،

جو چتر انن چت چڑھے، نہ بڑھے، بدھ بیدن، گرنتھ نہ گائے
(فرشتہ، دل، ترکیب وصورت، عقلا کتب آسمانی قدیم کتابیں)
بھارتھی، بھوری کری، بھرین، جپ، جوگن، جوگ اتھیہ گنائے
(گویائی، سجہ گردانی، ریاضت، مرتاض)
جو مکھ جوت جگی، نہ ٹھگی، مدھنایک گھونگھٹ چنچل تائے
(چہرہ، روشنی، نام شاعر، شوخی)
جھنین، دوکول، چھے جھلکی، اچھ، براجت، اچھ رجھائے
(باریک، دوپٹا، زیب دینا، بے مثل، فریفتہ کرنا)

مطلب یہ ہے کہ تیری آنکھیں نقاب کے اندر جس قدر خوش نما ہیں، اس کی خوبی فرشتوں کے خیال میں بھی نہیں آسکتی اور نہ آسمان کی کتابوں میں ان کی توصیف پائی جاتی ہے۔ قوت نطق خود محو حیرت ہے اور زاہد مرتاض سجہ گردانی سے بھی زیادہ اس کا مداح ہے۔ نقاب تک ان آنکھوں کی خوبی کو چھپا نہیں سکتی بلکہ باریک دوپٹا اس کی خوبی اور بھی دوبالا کر دیتا ہے۔ ان کا بہت سا کلام سرو آزاد میں نقل کیا ہے۔ لیکن چونکہ ناظرین کے لئے وہ نامانوس صدا ہوگی، اس لئے ہم اس کو قلم انداز کرتے ہیں۔

سید رحمت اللہ پسر سید خیر الدین بلگرامی بھاشا زبان کے مشہور استاد تھے۔ سلطنت کی طرف سے دوصدی منصب اور جاگیر مقرر تھی۔ اس زمانے میں بھاشا کا مشہور چنتامن

ایک ہندو تھا، اس کا ایک شاگرد رحمت اللہ کا شہرہ سن کر ان کی خدمت میں حاضر ہوا اور چنتا من کا دوہا ان کے سامنے پڑھا۔

ہیو ھرت ار کرت ات چنتا من چت چین
وا مرگ نینے کی لکھی واہی کی سی نین

سید رحمت اللہ نے اس دوہے میں غلطی نکالی اور چنتا من نے سنا تو غلطی تسلیم کر کے اس کی اصلاح کر دی۔ چنتا من نے سید رحمت اللہ کی مدح میں ایک دوہا بھی لکھا جس کا مطلع یہ ہے،

گرب، گھ سنگ، جیون، سبل، کل گاج من، پر بل گج باج، دل، ساج، دھاپو
(غرور، شیر، بطور قوی اظہار دلیری، زبردست ہاتھی، گھوڑا، فوج، آراستہ، حملہ کیا)
بجت اک جمک گھن گھمک دند بھن کی ترنگ، کھر، دھمک، بھوتل ہلایو
(ایک طرح پر، گردون شگاف، نقارہ، گھوڑے کا سم، زمین)

سید رحمت اللہ نے ۱۳ ربیع الاول ۱۱۱۸ میں وفات پائی۔ ان کے بہت سے دوہے سرو آزاد میں نقل کئے ہیں، ہم صرف ایک پر اکتفا کرتے ہیں۔

کر اچائے جھائے تیر دھاری بھج یہ بھائے
(ہاتھ بلند کرنا، انگڑائی، بازو، خوش نما معلوم ہوئے)
منو چپلا دوی چمک ہوئے گری بھوم پر آئے
(گویا بجلی، زمین)

یعنی محبوب نے جمائی لیتے ہوئے جب دونوں ہاتھ اٹھا کر نیچے کر لیے تو یہ معلوم ہوا کہ گویا دو بجلیاں چمک کر زمین پر گر پڑیں۔

سید غلام نبی پسر سید محمد باقر، سید عبد الجلیل بلگرامی کے بھانجے تھے، ۲ محرم ۱۱۱۱ھ

میں پیدا ہوئے۔ سید عبد الجلیل اس زمانے میں عالمگیر کے ساتھ دکن کی مہم پر تھے۔ بھانجے کے پیدا ہونے کی خبر سنی تو سال تاریخ کی فکر ہوئی، اسی حالت میں سو گئے اور خواب میں یہ مادہ ہاتھ آیا۔ نور چشم باقر عبد الحمید م۔

تفاول کے طور پر پیشین گوئی کی کہ یہ لڑکا شاعر ہو گا۔ خدا کی قدرت پیشین گوئی صحیح اتری، اگرچہ عربی و فارسی میں مہارت رکھتے تھے، لیکن بھاشا کی شاعری میں نہایت کمال پیدا کیا۔ ۱۱۶۳ میں نواب وزیر اور افاغنہ کی لڑائی میں نواب کے ہمرکاب تھے، اور عین معرکہ جنگ میں مارے گئے۔ مولوی غلام علی آزاد سے نہایت درجے کا اتحاد تھا۔ چنانچہ آزاد نے تاریخ کہی، رقم کردہ ہے غلام نبی۔ بھاشا زبان میں ایک دیوان لکھا جس میں ۱۷۷ دوہے ہیں، اس کا نام انگ درپن رکھا، بھاشا میں ان کا تخلص درس لین ہے، درس کے معنی بھاشا میں دیدار کے ہیں اور لین کے معنی محو کے ہیں اور درسلین کا لفظی ترجمہ محو دیدار ہے، ان کے کلام کا نمونہ یہ ہے۔

توحید

تیری منور تھ کو ہوت ہے سین لوک توں ہی ہوئی اکاش کمرت نکہت اودت ہے
(مطلب، اشارہ، دینا، آسمان، ستارہ، روشنی)

توں ہی چار و تتو، سیل تنر پس، پنچھی، ہوت تون ہی میگھ پو.جی کوت اور اکوت ہے
(اربعہ، عناصر، پہاڑ، درخت، چرند پرند، بادل، دیتا ہے، حساب بے حساب)

توں ہی بن ناری بھرتا کی رسلیں موت توں ہی ہوئی کی ستر لب این تن لوت ہے
(عورت، شوہر، خو، دشمن)

جاگ پڑی جھونٹوں جیون سیں لوگ ہوت تیو نہیں اتما بچاری لوک جاگت کو موت ہے

(بیداری، خواب، روح)

یعنی تیرے ہی اشارے سے دنیا پیدا ہوتی ہے، تو ہی آسمان بن کر ستاروں کو روشن کرتا ہے، تو ہی اربعہ عناصر اور پہاڑ، درخت، چرند اور پرند بن جاتا ہے، تو ہی بادل بن کر بے حساب بارش کرتا ہے، تو ہی عورت کے قالب میں آکر مرد کا راحت رساں ہے، تو ہی بالآخر موت کی صورت میں جان کا دشمن ہے، تو جس طرح کہ جاگنے کے بعد خواب بالکل وہم معلوم ہوتا ہے اسی طرح خداشناسوں کے نزدیک یہ دنیا تمام تر خواب ہے۔

سید برکت اللہ بہت بڑے فقیہ تھے۔ بھاشا میں شعر کہتے تھے۔ اور پیمی تخلص کرتے تھے۔ بھاشا میں جو ان کی نظموں کا مجموعہ ہے، اس کا نام خود پیم پرس رکھا تھا، سرو آزاد میں ان کا بہت سا کلام نقل کیا ہے، ہم صرف ایک دوہے پر اکتفا کرتے ہیں۔

چکہ جوگی کنتھا گرین، ارن، سیام اور سیت

(آنکھ، گلا، سرخ، سیاہ، سفید)

آنسو بوند سمرن لیں درسن بھچا ہیت

(قطرہ، تسبیح، دیدار، خیرات)

یعنی آنکھیں ایک ریاضت کش جوگی ہیں، جو سرخ، سیاہ اور سفید دانوں کا مالا پہنے ہوئے اور آنسوؤں کی تسبیح لئے ہوئے دیدار کی بھیک کی طالب ہیں۔

ان بزرگوں کے سوا اور بہت سے اہل کمال گزرے ہیں جنہوں نے بھاشا زبان کی انشا پردازی اور شاعری میں نام وری حاصل کی، اور جن کے حالات مختلف تذکروں میں مل سکتے ہیں۔ کیا ان واقعات کے بعد بھی ہمارے ہندو دوست کا یہ بیان قابل تسلیم ہے کہ مسلمانوں نے کبھی ہندو لٹریچر پر توجہ نہیں کی۔ اور جو کرنا چاہتا تھا وہ کافر قرار پاتا تھا۔ ہمارے ہندو دوستوں کو یاد رکھنا چاہئے کہ مسلمانوں سے زیادہ بے تعصب قوم، نہ صرف

دنیا کی پچھلی تاریخ بلکہ موجودہ اور آئندہ زمانہ بھی قیامت تک نہ پیش کر سکے گا۔

حاشیے

(۱) میر حسن مصنف بدر منیر کا تذکرہ شعرا ہمارے کتب خانے میں موجود ہے۔

(۲) یہ بات جتا دینے کے قابل ہے کہ مولوی غلام آزاد نے سرو آزاد جو تذکرہ لکھا اس سے دو حصے کئے۔ ایک فارسی شعرا کے ذکر میں اور دوسرے ہندی یعنی بھاشا کہنے والوں کے حالات میں، اس دوسرے حصے کی تمہید میں لکھتے ہیں:

"فصل ثانی در ذکر قافیہ سنجان ہندی جزاہم اللہ بجائزۃ الخیر من ہیچمدان بازبان عربی وفارسی وہندی آشنائیم واز ہر سہ میکدہ بقدر حوصلہ قدمے می پیمایم، مشق سخن ہندی ہر چند اتفاق نیفتاد، اما سامعہ راز نوائے طوطیان ہند حظے وافراست وذائقہ راز چاشنی شکر فروشاں ایں گل زمیں نصیبے متکاثر، افسوس خوانان ہند ہم دریں مادی پائے کمی ندارند بلکہ در فن نایکا بید قدم سحر سازی پیش می گزارند، موزونان زبان ہندی در بلگرام فراوان جلوہ نمودہ اند، لہٰذا فصل ایں جماعہ علاحدہ بہ تحریر رسید و شمامہ معطرے بدست بوشناسان حوالہ گردید۔" پھر اس حصے کے خاتمہ میں لکھتے ہیں:

"بہ اقتضائے ترتیبے کہ دریں تالیف اختیار افتادہ ختم کتاب بر نظم ہندی دست بہم دادہ چہ مضائقہ بعض الفاظ ہندی جزو فرقان عظیم است۔"

سرو آزاد کا یہ حصہ ہمارے دوست نواب نورالحسن خاں خلف اکبر جناب نواب صدیق الحسن خاں مرحوم نے اپنے تذکرہ طور کلیم میں شامل کر لیا، چنانچہ فروغ دوم میں جہاں سے ہندی شعرا کا تذکرہ ہے عبارت تمہیدی بھی وہی سرو آزاد کی ہے۔ میں اس مضمون میں بلگرامی شعرائے بھاکھا کا جو تذکرہ لکھوں گا اور ان کے اشعار نقل کروں گا وہ طور کلیم سے منقول ہوں گے، لیکن طور کلیم کا یہ حصہ در اصل سرو آزاد ہے۔ طور کلیم

چھپ گیا ہے اور ہر جگہ ملتا ہے۔ اس لئے ناظرین کو وہ بہ آسانی ہاتھ آسکتا ہے۔(۱) تزک جہانگیری مطبوعہ علی گڑھ، ص۔۶۷

***

تحفۃ الہند

مسلمانوں کی توجہ برج بھاشا پر، برج بھاشا کا فن معانی و بیان

یاد ہو گا کہ ہمارے ایک معزز ہندو دوست نے اردوئے معلی میں ایک مضمون لکھا تھا جس میں اس پر معترضانہ افسوس ظاہر کیا تھا کہ مسلمانوں نے ٦ سو برس تک اس ملک میں حاکم رہ کر کبھی ملکی زبان کی طرف توجہ نہ کی۔ ہم نے اس کا جواب الندوہ میں بہ تفصیل دو نمبروں میں لکھا تھا، جس میں بتایا تھا کہ مسلمانوں نے ہندوؤں کی زبان کے ساتھ کس قدر اعتنا کیا، اور خود برج بھاشا میں کس درجے کی قابلیت پیدا کی۔ یہ مضمون بھی اس سلسلے کا گویا تتمہ ہے۔

تحفۃ الہند جو ہمارے مضمون کا عنوان ہے، ایک کتاب کا نام ہے جو اورنگ زیب عالمگیر کے زمانے میں تصنیف ہوئی، مصنف کا نام میرزا خان بن فخر الدین محمد ہے۔ دیباچے میں لکھا ہے کہ میں نے یہ کتاب شہنشاہ عالمگیر کے زمانے میں شہزادہ اعظم شاہ کے مطالعے کے لئے تصنیف کی۔ کتاب کا موضوع ہندوؤں کا فن بلاغت اور عروض و قافیہ وغیرہ ہے، اس میں ٧ باب ہیں۔

(١) پنگل، یعنی علم عروض (٢) تک، یعنی قافیہ

(٣) النکار، یعنی علم بدیع (٤) سرنگار رس، یعنی عشق و محبت

(٥) سامدرک، یعنی علم قیافہ (٦) کوک، یعنی علم النساء

(۷) لغات ہندی۔ اس میں برج بھاشا کے ضروری کثیر الاستعمال الفاظ لکھے ہیں اوران کے معنی بتائے ہیں۔

یہ کتاب عالمگیر کے زمانے میں تصنیف ہوئی ہے اوراس کے سب سے چہیتے اور منظور نظر فرزند کے لئے تصنیف ہوئی ہے، عالمگیر کی نسبت اس کے مخالفوں کا دعویٰ ہے کہ وہ تعصب کا دیوتا تھااور اس نے ہندوؤں کی نہ صرف عمارات، بلکہ ان کے لٹریچر کو بھی مٹا دینا چاہا تھااور اس لئے ان کی تمام درسگاہیں اور پاٹ شالے بند کرادیے تھے۔ یہ بھی یادرکھنا چاہئے کہ یہ تاریخ کا مسلمہ مسئلہ ہے کہ عالمگیر ملک کے ایک ایک جزئی واقعے سے اس قدر واقفیت رکھتا تھا کہ کسی حصہ ملک کا ادنیٰ ساواقعہ بھی اس کی نگاہ تجسس سے مخفی نہیں رہ سکتا تھا۔ باوجود اس کے برج بھاشا کو جس قدر اس کے زمانے میں ترقی ہوئی، مسلمانوں نے جس قدر اس کے زمانے میں ہندی کتابوں کے ترجمے کئے اور خود جس قدر برج بھاشامیں نظم ونثر لکھی، کسی زمانے میں اس قدر ہندی کی طرف التفات نہیں ظاہر کیا گیا تھا۔ چنانچہ اس کی تفصیل ہم ایک مستقل مضمون میں لکھ چکے ہیں۔ یہ کتاب (تحفۃ الہند) اسی سلسلے کی ایک کڑی ہے۔ یہ ناممکن ہے کہ عالمگیر جو اپنے بیٹوں کی ایک ایک حرکت سے خبر رکھتا تھا، اس کی نظر سے ایک کتاب جو اس کے محبوب ترین شہ زاویے کے لئے لکھی جائے، مخفی رہ جائے۔ نعمت خان عالی نے وقائع لکھی اور عالمگیر سے چھپانے کی بے انتہا کوشش کی، لیکن چھُپ نہ سکی۔

اس کتاب میں سے ہم صرف صنائع وبدائع کے حصے کا اقتباس درج کرتے ہیں۔ جس سے اندازہ ہوگا کہ ہندی زبان کے فن بدیع کو عربی سے کیا نسبت ہے؟ اس موقع پر یہ بات بھی اظہار کے قابل ہے کہ مصنف نے ہندی صنائع و بدائع کی تفصیل لکھ کر چند صفتیں خود اضافہ کی ہیں۔ ان کے خود نام رکھے ہیں اوران صفتوں میں خود ہندی اشعار کہہ

کر درج کتاب کئے ہیں۔ جس سے اندازہ ہو سکتا ہے کہ مصنف کو خود اس زبان میں کہاں تک قدرت تھی؟ یہ صنائع اکثر بلکہ قریباً کل عربی سے لئے ہیں اور عربی ناموں کا ترجمہ بھاشا میں کر دیا ہے۔ بھاشا میں علم بدیع کو النکار کہتے ہیں، چونکہ بلاغت کا اصلی کام جذبات اور احساسات پر اثر ڈالنا ہے، اس لئے النکار کی تین قسمیں قرار دی ہیں۔

(۱) نورس

اس میں تمام احساسات کا استقصا کیا ہے اور ان کی نو قسمیں قرار دی ہیں، جن کی تفصیل حسب ذیل ہے،

سرنگار رس، اس کی دو قسمیں ہیں، سنجوگ، بیوگ۔ یعنی وصال و فراق،

ہاسیہ رس، مسرت و خوشی، کرنا رس، رحم و ہمدردی

ویر رس، شجاعت و بہادری، رَودد رس، غیظ و غضب

بھے رس، خوف و بیم، بی بھس رس، نفرت و کراہت۔

شانت رس، سکون و اطمینان، ادبُھت رس، استعجاب

عربی اور فارسی زبان میں اس قسم کی سائنٹفک تقسیم نہیں ہے اور اس لحاظ سے ہندی کو فارسی اور عربی پر ترجیح ہے۔

(۲) بے ینگ

کسی مضمون کو لطیف، نازک اور شوخ پیرائے میں ادا کرنے کو کہتے ہیں، مثلاً عورت اپنے محبوب شوہر سے جو کسی اور عورت پر عاشق ہے کہتی ہے کہ پیارے! تیری پیشانی پر جو سرخی ہے یہ تیری سرخ ٹوپی کا عکس ہے، یا رقیبہ کی حنا کا اثر ہے۔ سوال سے بظاہر صرف اس قدر مفہوم ہوتا ہے کہ عورت کو اپنے شوہر سے رقیبہ کے پاس جانے اور اس سے ملنے کی شکایت ہے، لیکن در پردہ وہ یہ بات ثابت کرنا چاہتی ہے کہ شوہر نے رقیبہ کے

پاؤں پر پیشانی رگڑی ہے، جس سے پیشانی میں سرخی آگئی ہے، یہ وہ صفت ہے جس کو عربی میں تعریض کہتے ہیں۔ سنسکرت کا انشا پرداز اس صفت کو اس قدر وسعت دیتا ہے کہ الفاظ اور عبارت کی ضرورت نہیں۔ صرف حالت کا دکھا دینا بھی اس صفت میں داخل ہے، مثلا محبوب رات بھر کا جاگا ہوا کسی صحبت سے آیا ہے جس کی وجہ سے بال پریشان ہیں، آنکھیں مخمور ہیں، انگڑائیوں پر انگرائیاں آرہی ہیں، عاشق زبان سے کچھ نہیں کہتا، صرف آئینہ لا کر سامنے رکھ دیتا ہے کہ یہ سب کچھ کہہ دے گا، یہ بھی اسی صفت میں داخل ہے۔

(۳) اُپماں

اس کے معنی تشبیہ کے ہیں۔ تشبیہ ایک نہایت لطیف صفت ہے۔ عربی میں اس کو نہایت وسعت دی ہے اور اس کی بہت سی قسمیں کی ہیں۔ بھاشا میں بعض باتیں تو مشترک ہیں۔ مثلاً اپماں یعنی جب تشبیہ کے الفاظ مذکور ہوں، مثل چوں، مثل وغیرہ۔

بست اپماں

حرف تشبیہ مذکور نہیں، لیکن مقدر ہے جیسے "قندِ لب" یعنی لب چوں قند، اس کو عربی میں استعارہ کہتے ہیں۔

لیکن بعض باتوں میں جدت ہے مثلاً۔۔ مالو اپماں، تشبیہ کا یہ طریقہ عربی اور فارسی میں نہیں، یا ہے تو اس کا کوئی خاص نام نہیں، یہ وہ صورت ہے کہ مشبہ بہ کے اجزا اور عوارض سے تشبیہ دیتے ہیں۔ مثلاً چاند کی تشبیہ میں کہا جائے کہ وہ ایک باغ ہے، اس میں جو سیاہی ہے وہ درختوں کی چھاؤں ہے، اس کی کرنیں درختوں کی ٹہنیاں ہیں، اس کو تشبیہ مرکب کہہ سکتے ہیں لیکن کسی قدر اس سے مختلف الصورت ہے۔

شرنکھلا اپماں، اس میں سلسلہ بہ سلسلہ تشبیہ دیتے جاتے ہیں، یعنی ایک چیز کو ایک

چیز سے تشبیہ دی، پھر اس کو کسی اور چیز سے تشبیہ دی، پھر اس کو بھی کسی اور چیز سے تشبیہ دی۔

اننیتی اپماں

یہ وہ صورت ہے جس کو فارسی میں تشبیہ الشئی بنفسہ کہتے ہیں، یعنی کسی شئے کو خود اسی شئے سے تشبیہ دینا، مثلاً فارسی میں، چو تو گر کسی باشد آں ہم توئی۔ اردو میں آج کل کہتے ہیں، وہ شخص آپ اپنا نظیر ہے۔ حقیقت میں یہ مبالغے کی ایک صورت ہے، یعنی جب یہ کہنا ہوتا ہے کہ اس شخص کی نظیر نہیں تو یوں کہتے ہیں کہ وہ اپنا آپ ہی نظیر ہے اور کوئی اس کا نظیر نہیں، اس صفت کو فارسی میں اور بھی ترقی دی ہے، یعنی یوں کہتے ہیں کہ وہ خود بھی اپنا نظیر نہیں۔ اردو میں کسی کا مصرع ہے۔ تم سے جب تم ہی نہیں پھر کوئی تم سا کیا ہو۔

النکار

یہ ایک عام لفظ ہے، جس کے معنی صنعت بدیع کے ہیں، سنسکرت میں اس کی بہت سی انواع ہیں، ان میں سے ۷ ازیادہ متداول ہیں، جن کی تفصیل حسب ذیل ہیں۔

وترکتاالنکار

یہ وہ صورت ہے کہ جس چیز سے ممدوح کو تشبیہ دیتے آئے ہیں اس میں عیب ثابت کیا جائے تاکہ ممدوح کی ترجیح ثابت ہو، مثلاً سخاوت اور فیاضی میں ممدوح کو بادل سے تشبیہ دیتے ہیں، لیکن عنصری کہتا ہے،،

او ہمی بخشد ہم گرید

تو ہمی بخشی و ہمی خندی

یعنی بادل برستا ہے تو روتا جاتا ہے اور تو برستا ہے تو ہنستا ہے۔

وِرودھابھاس النکار

یعنی عبارت کے معنی واقع میں صحیح ہوں لیکن بظاہر غلط معلوم ہوں، جب ایک لفظ کے معنی مختلف ہوتے ہیں تو اس صفت سے کام لیتے ہیں۔ مثلا بھاشا میں سیام سیاہ کو بھی کہتے ہیں اور معشوق کو بھی۔ اسی طرح لال سرخ کو بھی کہتے ہیں اور محبوب کو بھی، اب اگر یہ کہا جائے کہ "سیام زرد" ہے تو بظاہر غلط ہوگا، کیونکہ سیاہ چیز زرد نہیں ہو سکتی، لیکن اگر سیام کے معنی محبوب کے لئے جائیں تو یہ جملہ صحیح ہو سکتا ہے۔ عربی میں اس صفت کو نہایت وسعت دی گئی ہے۔ مقامات حریری میں سو فقہی سوال اور جواب میں، جوابات تمام تر غلط معلوم ہوتے ہیں لیکن واقع میں صحیح ہیں، مثلا ایک سوال یہ ہے کہ اگر کوئی شخص وضو کے بعد نعل کو چھوئے تو کیا حکم ہے، جواب دیا ہے کہ وضو ٹوٹ جائے گا۔ نعل عربی میں جوتی کو کہتے ہیں اور یہ معنی زیادہ متداول ہیں، لیکن نعل، عورت کو بھی کہتے ہیں اور شافعیوں کے نزدیک عورت کے چھونے سے وضو ٹوٹ جاتا ہے۔

سکارن اُت پریچھا

حسن تعلیل کو کہتے ہیں، یہ صفت عربی اور فارسی میں بہت مستعمل ہے۔ بھاشا میں اس کے نہایت لطیف نئے نئے پیرائے ملتے ہیں۔ مثلاً چاند معشوق کا حسن چرا کر آسمان پر بھاگ گیا، اسی وجہ سے ہمیشہ چوروں کی طرح رات کو نکلتا ہے، فارسی کا شاعر کہتا ہے۔

از شرم ابروانِ بلند تو ماہ نو

خود را چناں نمود کہ کس دید و کس نہ دید

یعنی معشوق کے ابرو کی شرم سے، ماہ نو اس طرح چھپ کر نکلا کہ کسی نے دیکھا، کسی نے نہیں دیکھا۔

اکارن ات پریچھا

مبالغہ اور اغراق کو کہتے ہیں۔

انکرن النکار

لف و نشر کو کہتے ہیں۔

سندیہ النکار

یعنی دو چیزوں میں جان بوجھ کر شک کرنا، مثلاً یوں کہیں کہ یہ چہرہ ہے یا چاند، زلف ہے یا سانپ، عربی میں اس کو تجاہل عارفانہ کہتے ہیں۔

سچھمان النکار

یعنی الفاظ و عبارت کے بغیر کسی مطلب کو محض اشارے و کنایے سے ادا کرنا، مثلاً عاشق معشوق سے سوال کرتا ہے کہ میں کب آؤں؟ معشوق کچھ جواب نہیں دیتا بلکہ اس کی بجائے ایک گورے چٹے آدمی کو نیلگوں برقع پہنا کر بھیجتا ہے، جس سے یہ اشارہ ہوتا ہے کہ جب چاند ڈوب جائے اور تاریکی چھا جائے تب آنا۔

اینا اپدیسا النکار

کسی پر بات ڈھال کے کہنا، مثلاً ایک وفا کیش معشوقہ کا عاشق آیا ہے، وہ دوسرے شخص کی طرف مخاطب ہو کر کہتی ہے کہ آہ آج میرا شوہر ایک کام کو گیا ہے، ساس بھی کہیں گئی ہے، گائے بھینس کا باندھنا، مجھ پر کس قدر شاق ہے اور اندھیری رات میں مجھ کو سخت ڈر معلوم ہوتا ہے لیکن ان باتوں کا اصلی مخاطب در حقیقت عاشق ہے۔ اردو فارسی میں اس کی مثال نہایت کثرت سے مل سکتی ہیں، لیکن مصنف نے جو مثال دی ہے، اس سے ہندوستان کی قدیم طرز معاشرت کا اندازہ ہوتا ہے۔

ات شیوکت النکار

اس کی چار قسمیں ہیں، یعنی نگر جادہ وسان، یعنی مشبہ بہ کو ذکر کر کے مشبہ مراد لیتے

ہیں، مثلاً یہ کہ چاند، سانپ، ہرن، چیتا، میرا دل اڑا لے گئے۔ رخسار، زلف، آنکھ، کمر کو چاند، سانپ، ہرن اور چیتے سے تشبیہ دیتے ہیں، لیکن اس جگہ خود ان چیزوں کو بول کر رخسار وغیرہ مراد لیا ہے۔

بر کتسیا نتھابھان

اس میں تشبیہ کا شائبہ بھی باقی نہیں رہتا، اور نہ مشبہ و مشبہ بہ کا ذکر ہوتا، بلکہ مشبہ کی نفی کر کے اس کو عین مشبہ بہ فرض کرتے ہیں۔ مثلاً کہتے ہیں کہ اب تم وہ نہیں رہے بلکہ دوسری چیز ہو گئے۔

کارن کارج پر.جی

اس صنعت میں مسبب سبب سے پہلے واقع ہوتا ہے۔ مثلاً جرم مواخذہ کا سبب ہے، لیکن یوں کہتے ہیں، اس شہر میں عجیب رسم ہے کہ گناہ کرنے سے پہلے مواخذہ کرتے ہیں۔

جدیارتہ

اس میں مشبہ کو مشبہ بہ پر ترجیح دیتے ہیں، مثلاً چاند سے معشوق کو تشبیہ دیتے ہیں، لیکن اگر یوں کہیں کہ چاند معشوق کے برابر اس وقت ہو سکتا ہے کہ اس کے یاقوت کے مثل لب، موتی کی طرح دانت، سانپ کی طرح زلف اور ہرن جیسی آنکھیں ہوں۔ عربی و فارسی میں اس کی مثالیں کثرت سے ہیں۔

اچھر چتھکا النکار

یعنی صنعت سوال و جواب، فارسی میں یہ صنعت نہایت کثرت سے مستعمل ہے، لیکن بھاشا میں یہ جدت ہے کہ مسلسل سوالات کئے جاتے ہیں، اس کے بعد صرف ایک ایسا مفرد لفظ بولتے ہیں جو کل سوالوں کا جواب ہوتا ہے۔ مثلاً ان سوالات کے جواب میں

کہ زمین و زمان کی روشنی، بینائی، انسان کے معاش کا سبب کیا ہے؟ صرف عین کا لفظ کافی ہو گا کیونکہ عین، آفتاب، آنکھ، سونا کو کہتے ہیں اور وہ ان سوالات پر حاوی ہے۔

بھر مان النکار

مغالطہ میں پڑنا، مثلاً یہ کہ میرا دل معشوق کے تل کو دانہ سمجھ کر اس کی زلف کے جال میں جا پھنسا، ایک ہندی شاعر نے اس مضمون کو عجیب لطیف پیرایے میں ادا کیا ہے۔ وہ کہتا ہے کہ ایک بھونرا توتے کی چونچ کو ڈھاک کا پھول سمجھ کر رس چوسنے کے لئے اس پر جا بیٹھا، توتے نے اس کو جامن کا پھل سمجھا اور نگل گیا۔

ان صنائع میں سے ہم نے بہت سے چھوڑ دیے، جس کی وجہ یہ ہے کہ اولاً تو ان میں سے بہت سے فارسی اور عربی میں بہ کثرت مستعمل ہیں، دوسرے سنسکرت الفاظ کا تلفظ ہم سے صحیح ادا نہیں ہوتا۔ اس موقع پر یہ نکتہ خاص لحاظ کے قابل ہے کہ اگرچہ ہمارے انشا پردازوں نے سنسکرت اور برج بھاشا کے علم ادب کے نکتے نکتے کو سمجھا اور اس سے بہت فائدہ اٹھایا لیکن اس کے فیض سے وہی محروم رہ گیا، جو سب سے زیادہ حقدار تھا۔ یہ ظاہر ہے کہ اردو بھاشا سے نکلی اور اس کے دامن میں پلی، لیکن بھاشا سے جو سرمایہ اس کو ملا، صرف الفاظ تھے، مضامین اور خیالات سے اس کا دامن خالی رہا۔ بخلاف اس کے عربی زبان جس کو بھاشا سے کسی قسم کا تعارف نہ تھا، وہ سنسکرت اور بھاشا دونوں سے مستفید ہوئی۔ (تفصیل اس کے آگے آئے گی۔)

اس کی وجہ یہ ہوئی کہ آج سے ۵۰ برس پہلے مسلمان اردو کو کوئی علمی زبان نہیں سمجھتے تھے، خط کتابت تک فارسی میں تھی، اردو شعرا جس قدر گزرے، ان میں سے ایک بھی عربی کا فاضل نہ تھا، یا یوں کہو کہ کوئی عالم اردو کو اس قابل نہیں سمجھتا تھا کہ اس میں انشا پردازی یا شاعری کا کمال دکھائے۔ علمی زبان اس وقت صرف عربی تھی۔ اس لئے

جہاں سے جو سرمایہ ملتا تھا اسی کے خانے میں جمع کیا جاتا تھا۔ بہر حال ہندی شاعری کے مضامین، عربی زبان میں بعینہ نقل ہوئے، یعنی علمائے ادب نے سنسکرت اور بھاشا کی نظموں کا بعینہ عربی میں ترجمہ کیا۔ ہم چند مثالیں ذیل میں لکھتے ہیں۔ یہ مثالیں سبحۃ المرجان سے لی گئی ہیں۔ مولوی غلام علی آزاد نے ہر جگہ تصریح کر دی ہے کہ وہ ہندی سے ترجمہ کی گئی ہیں۔

لقد نحلت فی یوم راج حبیبھا

الی ان ھوی من ساعد یھا نضارھا

ولما اتاھا مخبر عن قدومھا

علی ساعد الملآن ضاق سوارھا

(یہ یاد رکھنا چاہیئے کہ ہندی میں عاشق عورت ہے اور مرد معشوق ہے۔) یعنی جس دن معشوق نے سفر کیا میں اس قدر دبلی ہوگئی کہ ہاتھ کے کڑے ڈھیلے ہو کر گر پڑے، لیکن جس دن قاصد نے آکر معشوق کے آنے کی خبر دی اور میں نے کڑوں کو پہننا چاہا تو اب وہ تنگ ہوگئے اور چڑھتے نہ تھے۔

مالاح فی شفتیک کحل راق

انی ابینہ بحسن بیان

ختمت علی شفتیک ذات تدلل

کیلا تکلمنی علی الاحیان

واقعہ یہ ہے کہ شوہر کسی اور محبوبہ سے مل کر آیا ہے اور چونکہ اس نے اس کی سرمگیں آنکھوں کو چوما تھا، اس لئے اس کے ہونٹوں پر سیاہی لگ گئی، اب عورت شوہر سے کہنے آئی ہے کہ تیرے ہونٹوں پر جو سیاہی ہے، میں بتاؤں کیوں ہے اور کہاں سے

آئی ہے، کسی کافر ادا نے تیرے ہونٹوں پر مہر کر دی ہے کہ تو کبھی مجھ سے بات نہ کرے۔

رات المھاۃ العامریہ صدرہ
بالظفر مکلوما فقالت مرحبا
ھذا اھلال تبتغیہ طبعتی
روحی فداک لالعبا

ایک بھولی کم سن عورت نے اپنے شوہر کے سینے پر ناخن کا خراش دیکھا جو ناخن کے مشابہ تھا، بھولے پن سے شوہر سے کہتی ہے کہ یہ تو نئی رات کا چاند ہے، مجھ کو بہت پیارا معلوم ہوتا ہے، مجھ کو دے دو، میں اس سے کھیلوں گی۔

یات الحب مع الحسناء بارحۃ
حتی یدی حاجب من اعظم الشھب
ورار زوجتہ فی الصبح فانقبضت
لمارات طرفہ الحمر کالسبک
قالت فتاۃ لھافی العین منعکس
یاقوت سیمک النقر عن لھب
بسمت من سماع القول واضحۃ
فضل الخمار علی ضوء من الشنب
فصار یغضب للصھباء کیف غدت
تحلی رضابک وازورت عن الادب
قالت لہ لاتکن غضبان مرحمۃ

فصت طرفک محمر عن الغضب

شوخی ادا، عارفانہ تجاہل اور نزاکت خیال کی اس سے بہتر مثالیں نہیں مل سکتی۔ اور صرف ان اشعار سے اندازہ ہو سکتا ہے کہ بھاشا کی شاعری کس قدر لطیف اور نازک ہے۔ صورت حال یہ ہے کہ شوہر رات بھر کا جاگا ہوا کہیں سے آیا ہے اور اس کی آنکھیں سرخ ہیں، عورت کو بدگمانی ہوتی ہے کہ کسی محبوبہ کے ہاں رات گزاری ہے، اس لئے آنکھیں سرخ ہیں۔ ایک سہیلی بدگمانی کو مٹانا چاہتی ہے اور کہتی ہے کہ نہیں، یہ تمہارے ہونٹوں کی سرخی کا عکس ہے۔ عورت شرما کر آنچل کا گوشہ منہ پر رکھ لیتی ہے۔ (اس سے اصل میں یہ غرض ہے کہ اگر ہونٹوں کی سرخی تھی، تو وہ آنچل میں چھپ گئی، اب کیوں سرخی نظر آتی ہے۔) شوہر غصے کی صورت بنا کر کہتا ہے کہ شراب کو کیا حق ہے جو تیرے آب دہن کا مقابلہ کرے، عورت کہتی ہے آپ غصہ نہ ہوں، میں سمجھی، آپ کی آنکھیں غصے کی وجہ سے سرخ ہیں۔ اردو زبان میں اگر اس لطافت کی کوئی نظیر ہے تو یہ شعر ہے۔

نہ میں سمجھا نہ آپ آئے کہیں سے
پسینا پوچھئے اپنی جبیں سے

جس زمانے میں مولوی غلام آزاد بلگرامی اورنگ آباد دکن میں تھے ان کے ماموں مولانا طفیل احمد نے بلگرام سے ایک ہندی نظم عربی میں ترجمہ کرنے کے لئے بھیجی۔ آزاد نے حسب ذیل اس کا ترجمہ کیا۔ (سبحۃ المرجان ص ۲۵۰)

زارت سعاد بلا وعد فقلت لھا
یا مرحبا بک من القاک فی التعب
قالت لقد جاءنی غیم وکلفنی
انی اجوب الیک الارض بالھدب

فقلت کیف طویت الارض ماشیہ

وقت الدجی وسکوب الدمع من سحب

قالت ھدانی شعاع البرق مرحمۃ

فمثلہ سرت فی القیعان والنتب

فقلت سیرک فی جنح الدجی غلط

بلا رفیق شریک فی خطی الطلب

قالت خیالک طول السیر کان سعی

فی حالۃ عن تجاہ العین لم یعب

یعنی معشوقہ میرے پاس اچانک آئی، میں نے کہا خیر ہے؟ اس وقت کیونکر تکلیف کی، بولی کہ بادل آگئے، انہوں نے مجھ کو آمادہ کیا کہ تیرے پاس آؤں، میں نے کہا رات اور بادل کی تاریکی میں راستہ کیوں کر نظر پڑا، بولی کہ بجلی نے رہ نما ساتھ کر دیا تھا، میں نے کہا، رات کو اکیلے سفر کرنا کسی طرح مناسب نہیں، بولی کہ میں تنہا نہیں آئی، تیرا خیال برابر میرے ساتھ رہا اور ساتھ آیا۔

واقعات مذکورہ بالا کو پڑھ کر ایک دفعہ اور ہمارے ہندو دوست کے وہ الفاظ یاد کرو کہ "مسلمانوں نے کبھی ہندوستان کے لٹریچر سے فائدہ نہیں اٹھایا۔" ہم وہ لوگ ہیں کہ،

ہیچ گہ ذوق طلب از جستجو باز م نہ داشت

دانہ می چیدم من آں روزیکہ خرمن داشتم

***

زیب النساء

بمبئی کے سفر میں ایک عزیز دوست نے جو انگریزی تصنیفات پر زیادہ اعتماد رکھتے ہیں انڈین میگزین اینڈ ریویو کا ایک آرٹیکل دکھلایا جو زیب النساء کی سوانح عمری کے متعلق تھا، مجھ کو افسوس ہوا کہ ایک ایسے معزز پرچہ کا سرمایہ معلومات تمام تر بازاری قصے تھے جس میں سے ایک شرمناک قصہ عاقل خان رازی کا بھی ہے، اس سے زیادہ افسوس کی بات یہ ہے کہ خود مسلمانوں میں بازاری اہل قلم نے زیب النساء کے جو حالات تجارتی غرض سے قلمبند کئے وہ بالکل بے سروپا ہیں۔ اس بنا پر خیال ہوا کہ زیب النساء کے متعلق صحیح معلومات یکجا کر دیے جائیں، جس سے یہ فائدہ ہو گا کہ غلط معلومات کی اصلاح ہو جائے گی۔

زیب النساء کی ولادت

زیب النساء اورنگ زیب کی سب سے پہلی اولاد تھی، اس کی ماں جس کا نام دلرس بانو بیگم تھا، شاہ نواز خاں صفوی کی بیٹی تھی، شاہ نواز خاں کا اصلی نام بدیع الزماں ہے۔ جہانگیر کے زمانے میں معزز عہدوں پر ممتاز ہو کر شاہ نواز خاں کے خطاب سے ملقب ہوا، شاہجہاں کے زمانے میں بھی کارہائے نمایاں کئے، چونکہ لیاقت ذاتی کے ساتھ عالی خاندان بھی تھا، شاہ جہاں نے ۱۰۴۷ھ میں کہ اس کی سلطنت کا دسواں سال تھا، اورنگ زیب کی شادی اس کی بیٹی سے کر دی، چار لاکھ مہر باندھا گیا، طالب کلیم نے مادہ تاریخ کہا، دو گوہر بہ

یک عقد دوراں کشید۔ ۱

زیب النساء شادی کے دوسرے سال شوال ۱۰۴۸ ہجری میں پیدا ہوئی۔ عالمگیری امرا میں عنایت اللہ خاں نہایت معزز عہدہ دار تھا۔ اس کی ماں حافظہ مریم قابل اور تعلیم یافتہ تھی، زیب النساء جب پڑھنے کے قابل ہوئی تو اورنگ زیب نے اس کی تعلیم کے لئے حافظہ مریم کو مقرر کیا جس نے حسب دستور سب سے پہلے قرآن مجید کی تعلیم دی، ۲ زیب النساء نے قرآن مجید حفظ یاد کیا۔ جس کے صلہ میں اورنگ زیب نے تیس ہزار اشرفی انعام میں دی۔ ۳ تمام تاریخیں اور تذکرے متفق اللفظ ہیں کہ زیب النساء نے عربی اور فارسی کی تعلیم نہایت اعلیٰ درجہ کی حاصل تھی۔ اور بڑے بڑے علما و فضلا اس کی خدمت میں رہتے تھے، لیکن اس کے اساتذہ میں سب سے زیادہ مقرب اور باریاب ملا سعید اشرف ماژندرانی تھے جو ملا سعید تقی مجلسی کے نواسے تھے۔ عالمگیر کے آغاز جلوس میں ایران سے آئے اور عالمگیر نے ان کو زیب النساء کی تعلیم کے لئے مقرر کیا۔ ۴ اس وقت زیب النساء کی عمر تقریبا اکیس برس کی تھی۔ اس سے قیاس ہوسکتا ہے کہ تیموریوں میں مستورات کی تعلیم کا سلسلہ کس قدر ممتد ہوتا تھا۔ زیب النسا نظم و نثر میں ملا سعید ہی سے اصلاح لیتی تھی۔

ملا اشرف شاعر بھی تھے اور شاعری ہی کے وصف سے مشہور ہیں۔ قریبا ۱۳۔۱۴ برس وہ تعلیم کے تعلق سے زیب النساء کی خدمت میں رہے۔ ۱۰۸۳ ہجری میں وطن جانا چاہا۔ زیب النساء کی خدمت میں ایک قصیدہ لکھ کر پیش کیا جس میں رخصت کی درخواست کو اس طرح ادا کیا تھا۔

یک بار از وطن نتواں بر گرفت دل
در غربتم اگرچہ فزوں ست اعتبار

ایں پیش و قرب و بعد تفاوت نمی کند

گو خدمت حضور بنا شد مرا اشعار

نسبت چو باطنی ست چہ دہلی چہ اصفہان

دل پیش تست من چہ بہ کابل چہ قندہار ۵

زیب النساء نے جس قسم کی تعلیم پائی تھی اور خود اس کا مذاق طبیعت جس قسم کا واقع ہوا تھا، اس کے لحاظ سے وہ پالیٹکس سے بالکل نا آشنا تھی تاہم عالمگیر کے پر پیچ عہد حکومت میں وہ بھی اس بدنامی سے نہ بچ سکی۔ ۱۰۹۱ھ میں راجپوتوں نے جب عام بغاوت کی اور عالمگیر نے ان کے دبانے کے لئے شہزادہ اکبر کو فوج گراں دے کر جودھ پور کی طرف روانہ کیا تو راجپوتوں کے بہکانے سے شہزادہ خود باغی ہو گیا۔ اور عالمگیر کے مقابلے کو بڑھا۔ زیب النساء اور شہزادہ اکبر حقیقی بھائی بہن تھے۔ دونوں میں خط و کتابت بھی تھی۔ یہ خطوط پکڑے گئے اور عالمگیر نے اس کے انتقام میں زیب النساء کی تنخواہ جو چار لاکھ سالانہ تھی بند کر دی۔ اس کے ساتھ تمام مال و متاع ضبط کر لیا گیا اور قلعہ سلیم گڑھ میں رہنے کا حکم ہوا۶ لیکن معلوم ہوتا ہے کہ بہت جلد اس کی بے گناہی ثابت ہوئی اور عفو قصور کر دیا گیا کیونکہ ۱۰۹۴ھ میں جب حمیدہ بانو بیگم (والدہ روح اللہ خاں) نے انتقال کیا، تو رسم تعزیت ادا کرنے کے لئے عالمگیر نے زیب النساء کو روح اللہ کے گھر بھیجا۔ اسی سن میں جب شہزادہ کام بخش (عالمگیر کا سب سے چھوٹا بیٹا) ۷ کی شادی ہوئی تو تقریب کی رسمیں زیب النساء ہی کے محل میں ہوئیں اور عالمگیر کے حکم سے تمام ارکان دربار زیب النساء کی ڈیوڑھی تک پا پیادہ گئے۔

زیب النساء نے شادی نہیں کی۔ عام طور پر مشہور ہے کہ سلاطین تیموریہ لڑکیوں کی شادیاں نہیں کرتے تھے۔ اس غلط روایت کو یورپین مصنفوں نے بہت شہرت دی ہے

اور اس سے ان کو شاہی بیگمات کی بدنامی پھیلانے میں بہت مدد ملی ہے، لیکن یہ قصہ ہی سرے سے بے بنیاد ہے۔ خود عالمگیر کی دو بیٹیاں زبدۃ النساء بیگم اور مہر النساء بیگم سپہر شکوہ اور ایزد بخش (پسر شہزادہ مراد) سے بیاہی تھیں۔ چنانچہ ماثر عالمگیری میں دونوں شادیوں کی تاریخیں اور مختصر حالات لکھے ہیں اور خاتمہ کتاب میں بھی اس کا ذکر کیا ہے۔ عالمگیر زیب النساء کی نہایت عزت کرتا تھا۔ جب وہ کہیں باہر سے آتی تھی تو اس کے استقبال کے لئے شہزادوں کو بھیجتا تھا۔ سفر و حضر میں اس کو ساتھ رکھتا تھا۔ کشمیر کے دشوار سفر میں بھی وہ ساتھ تھی۔ لیکن جب عالمگیر دکن گیا تو اس نے غالباً علمی زندگی کی وجہ سے پائے تخت کو چھوڑنا مناسب نہ سمجھا، اس کی چھوٹی بہن زینت النساء عالمگیر کے ساتھ آگئی چنانچہ اس کا نام بار بار واقعات میں آتا ہے۔ زیب النساء نے دلی میں قیام کیا اور وہیں پیوند زمین ہوئی۔ زیب النساء نے ۱۱۱۰ ہجری میں جو عالمگیر کی حکومت کا اڑتالیسواں سال تھا، دلی میں انتقال کیا۔ ادخلی جنتی مادہ تاریخ ہے۔

عالمگیر اس زمانے میں دکن کی فتوحات میں مصروف تھا۔ یہ خبر سن کر سخت غمزدہ ہوا۔ بے اختیار آنکھوں سے آنسو نکلے اور باوجود انتہا درجہ کے استقلال مزاج کے صبر کی تاب نہ لا سکا۔ سید امجد خاں، شیخ عطاء اللہ اور حافظ خان کے کے نام حکم صادر ہوا کہ اس کے ایصال ثواب کے لئے زکوۃ و خیرات دیں۔ اور مرحومہ کا مقبرہ تیار کرائیں۔ ۸ خانی خان نسخہ مطبوعہ کلکتہ میں زیب النساء کا نام اور اس کے واقعات ۱۱۲۲ ہجری تک آتے ہیں۔ لیکن یہ صریح غلطی ہے۔ کاتبوں نے غلطی سے زینت النساء کو زیب النساء سے بدل دیا ہے۔

کمالات علمی اور عام اخلاق و عادات

تمام مؤرخین نے بہ تصریح لکھا ہے کہ زیب النساء علوم عربیہ اور فارسی زبان دانی

میں کمال رکھتی تھی۔ نستعلیق، نسخ اور شکستہ خط نہایت عمدہ لکھتی تھی۔ لیکن اس کی تصنیفات سے آج کوئی چیز موجود نہیں۔ عام طور پر مشہور ہے کہ وہ مخفی تخلص کرتی تھی۔ اور دیوان مخفی جو چھپ کر شائع ہو چکا ہے اسی کا ہے۔ لیکن یہ صحیح نہیں۔ کسی تاریخ یا تذکرہ میں اس کے تخلص یا دیوان کا ذکر نہیں۔ مولوی غلام علی آزاد ید بیضا میں لکھتے ہیں۔ ایں دو بیت از نام او مسموع شدہ۔ پھر دو شعر نقل کئے ہیں۔ اس کا دیوان ہوتا تو صرف دو شعر کا ذکر کیوں کرتے۔ مخزن الغرائب ایک تذکرہ ہے جو احمد علی سندیلوی کی تصنیف ہے۔ مصنف نے نہایت کثرت سے فارسی تذکرے بہم پہنچائے ہیں۔ اور ان سے حالات اور اشعار انتخاب کئے ہیں۔ زیب النساء کے حال میں لکھتے ہیں، "اما دیوان اشعارش جائے بہ نظر نیامدہ۔ مگر در تذکرہ انتخابش بہ نظر آمدہ لیکن اعتبار را نشاید۔ سبب آنکہ شعر اساتذہ صاحب آں تذکرہ بنام بیگم نوشتہ بود۔"

اس سے انکار نہیں ہو سکتا کہ وہ شاعر تھی لیکن معلوم ہوتا ہے کہ اس کا کلام ضائع ہو گیا۔ اسی تذکرہ میں ملا سعید اشرف کے حال میں لکھا ہے کہ زیب النساء کی بیاض خاص ایک خواص کے ہاتھ سے جس کا نام ارادت فہم تھا، حوض میں گر پڑی۔ چنانچہ سعید اشرف نے اس پر ایک قصہ لکھا جو آگے آئے گا۔ غالباً یہ اشعار کی بیاض ہو گی۔ تذکروں میں یہ دو شعر زیب النساء کے نام سے منقول ہیں۔

بشکند دستے کہ خم در گردن یارے نشد
کور بہ چشمے کہ لذت گیر دیدارے نشد
صد بہار آخر شد و ہر گل بہ فرقے جا گرفت
غنچہ باغ دل ما زیبِ دستارے نشد

زیب النساء کی تصنیفات و تالیفات سے زیب المنشات کا ذکر البتہ تذکروں میں آیا

ہے۔ تذکرہ الغرائب کے مصنف نے لکھا ہے کہ میں نے اس کو دیکھا ہے، زیب النساء کے خطوط اور رقعات کا مجموعہ ہے۔

علم پروری

زیب النساء نے خود کوئی تصنیف کی ہو یا نہ کی ہو لیکن اس نے اپنی نگرانی میں اہل فن سے بہت سی عمدہ کتابیں تصنیف کرائیں۔ مولوی غلام علی آزاد ید بیضا میں لکھتے ہیں، "ہمت بہ ترقیہ حال ارباب فضل و کمال مصروف مے داشتہ۔ وجماعت کثیر از علماو شعرا و منشیان و خوشنویساں بہ سایہ قدردانی او آسودہ بودند وکتب و رسائل بنام او ہمت تالیف پذیرفتہ۔" زیب النساء کا دربار حقیقت میں ایک اکاڈمی (بیت العلوم) تھی۔ ہر فن کے علما اور فضلا نوکر تھے جو ہمیشہ تصنیف اور تالیف میں مصروف رہتے تھے۔ یہ کتابیں عموماً اس کے نام موسوم ہوتی تھیں یعنی ان کتابوں کے نام کا پہلا جز زیب کا لفظ ہوتا تھا۔ اس سے اکثر تذکرہ نویسوں کو دھوکہ ہوا ہے اور انہوں نے وہ کتابیں زیب النساء کی تصنیفات میں شمار کیں۔

زیب النسانے جو کتابیں تصنیف کرائیں ان میں زیادہ قابل ذکر تفسیر کبیر کا ترجمہ ہے۔ یہ مسلم ہے کہ تفسیروں میں امام رازی کی تفسیر سے زیادہ جامع کوئی تفسیر نہیں۔ اس لئے زیب النسانے ملا صفی الدین آردبیلی کو، جو کشمیر میں مقیم تھے، حکم دیا کہ اس کا فارسی میں ترجمہ کریں۔ چنانچہ اس کا نام زیب التفاسیر رکھا گیا۔ بعض تذکرہ نویسوں نے غلط لکھ دیا ہے کہ وہ زیب النساء کی مستقل تصنیف ہے۔

زیب النسانے تصنیف و تالیف کا جو محکمہ قائم کیا تھا اس کے ساتھ ایک عظیم الشان کتب خانے کا ہونا بھی ضروری تھا۔ جس سے مصنفین فائدہ اٹھا سکیں۔ چنانچہ بیگم موصوف نے ایک نہایت عظیم الشان کتب خانہ قائم کیا۔ مصنف ماثر عالمگیری کا بیان ہے

9 کہ اس کتب خانہ کی نظیر کسی کی نظر سے نہ گزری ہو گی۔ مصنف مذکور کے اصلی الفاظ یہ ہیں، "در سرکار علیہ کتاب خانہ گرد آمدہ بود کہ بہ نظر ہیچ یکے در نیامدہ باشد۔" زیب النسا کے حسن مذاق سے بڑا نفع یہ ہوا کہ عالمگیر کی خشک مزاجی نے جو نقصان پہنچایا تھا اس کی تلافی ہو گئی۔ یاد ہو گا کہ دربار میں ملک الشعراء کا عہدہ ابتدائے سلطنت سے چلا آتا تھا۔ جس پر فیضی، طالب، آملی، قدسی، کلیم مامور رہ چکے تھے۔ عالمگیر نے اس عہدہ کو موقوف کر دیا اور دفعتاً شعرا گویا بے خانماں ہو گئے۔ لیکن زیب النسا کی قدردانی نے پھر وہ دربار قائم کر دیا۔ مختلف تقریبوں پر شعرا قصیدے اور نظمیں لکھ کر پیش کرتے تھے اور گراں بہا انعام پاتے تھے۔ زیب النساء کی شعر دوستی کا یہ اثر ہوا کہ اہل سخن معمولی عرض معروض بھی شعر ہی میں کرتے تھے۔ اس قسم کے چند واقعات کا ذکر دلچسپی سے خالی نہ ہو گا۔ اوپر ہم لکھ آئے ہیں کہ ارادت فہم نام ایک خواص کے ہاتھ سے زیب النساء کی بیاض خاص حوض میں گر پڑی تھی۔ اس جرم کی معافی کے لئے ملا سعید اشرف ماژندرانی نے یہ قطعہ لکھ کر پیش کیا۔

اے ادلفہمے کہ پیشت فاضلان عصر را
شستن مجموعہ اندیشہ باب افتادہ است
در خم افلاطون زیاد دانشت سر خوش بود
ہمچو مخمورے کہ در فکر شراب افتادہ است
گاہ گاہے گر زبے آدابی باد صبا
از گل روے عرقناتک نقاب افتادہ است
آب حسرت در دہان اختران گردیدہ است
آتش غیرت بہ جان آفتاب افتادہ است

ذہن صافت تا علم گر دید در دانشوری
طبع افلاطون زبس دراضطراب افتادہ است
دفتر فرہنگ در چنگش مجزا گشتہ است
از کفش مجموعہ دانش در آب افتادہ است
عرض حالے ہست در خاطر کہ در اظہار آں
بند بندم موج سان در اضطراب افتادہ است
آں بیاض خاصہ شاہی کہ در اطراف آں
جائے افشاں نقطہائے انتخاب افتادہ است
آں مرصع خواں گہر ریزی کہ باشد جلوہ گر
دُر الفاظش بسے با آب و تاب افتادہ است
دوش از دست ارادت فہم خاکم در دہن
چوں بیاض سینہ ماہی در آب افتادہ است
نہ ہمیں از یاد معدن رفت لعل آبدار
گوہر غلطاں ہم از چشم سحاب افتادہ است
بحر شعر آبدارش تازہ طوفان کردہ است
کشتیش در چار موج اضطراب افتادہ است
گوئیا از سر بدر رفت ست آب جدولش
کایں چنیں گلزار اشعارش خراب افتادہ است
آہ ازیں غم در دل پیر و جواں پیچیدہ است
لرزہ زیں ہیبت بہ جانِ شیخ و شاب افتادہ است

بسکہ می بندند ہر یک بر گلوے دیگرے
گر بیاض گردنش خوانند تاب افتادہ است
من چہ گوئم کان چو مژگان خودش برگشت بخت
در تپ ایں غم چناں از خورد و خواب افتادہ است
زاں زماں بازار پریشان حالی و آشفتگی
ہمچو زلف خویشتن در پیچ و تاب افتادہ است
رفت رنگ آتشیں چوں شمع صبح از عارضش
ہمچو نبض موج اندر اضطراب افتادہ است
فیض بخشا زود تر پروانہ بخشائے
کاتشے درو ئے چو شمع از التہاب افتادہ است
ورنہ ۱۰ اخواہی دید، یک دم دفتر افلاک را
از ہجوم گریہ اش یک سر خراب افتادہ است

نعمت خاں عالی اس زمانے کا مشہور شاعر تھا۔ ایک دفعہ اس نے ایک مرصع کلغی جو دستار پر لگاتے تھے، زیب النسا کی خدمت میں فروخت کے لئے پیش کی۔ زیب النسا نے رکھ لی۔ لیکن جیسا کہ درباروں کا معمول ہے، قیمت کے ملنے میں دیر ہوئی۔ نعمت خاں نے یہ رباعی لکھ کر بھیجی۔

اے بندگیت سعادت اختر من
در خدمت تو عیاں شدہ جوہر من
گر جیغہ خریدنی ست پس کو زر من
در نیست خریدنی بزن بر سر من

(اگر خریدنا ہے تو دام دلوایئے اور نہ خریدنا ہو تو میرے سر ماریئے) بیگم نے پانچ ہزار روپے دلوائے اور کلغی واپس کر دی۔ ۱۱

ملا سعید اشرف جو زیب النساء کا استاد تھا، اور زیب النسا اسی سے نظم و نثر میں اصلاح لیتی تھی، بڑے پایہ کا شاعر تھا۔ تمام تذکروں میں اس کے حالات تفصیل سے لکھے ہیں۔ بیگم اس کو بہت عزیز رکھتی تھی۔ ایک دفعہ اس نے ایک لونڈی ملا صاحب کے پاس بھیجی کہ اس کو خدمت میں رکھئے۔ کنیز ملا صاحب کے مذاق کے موافق نہ تھی۔ ایک طول طویل قطعہ اس کی ہجو میں لکھ کر بیگم کو بھیجا۔ آغاز کا شعر یہ تھا۔

قدر دانشور شناسا نور چشم عالما

ایکہ ہر گز قدرت ہم چشمیت حور انداشت

مولوی غلام علی آزاد نے صرف یہی ایک شعر نقل کیا ہے اور لکھا ہے کہ اس میں قاب قوسین او ادنی کا قافیہ فحش موقع پر استعمال کیا تھا۔ لیکن یہ نہایت تعجب کی بات ہے۔ زیب النسا تو زاہدانہ مذاق رکھتی تھی۔ شاہی بیگمات کے دربار میں عموماً کسی کو اس قسم کی بے اعتدالی کی جرات نہیں ہو سکتی تھی۔ جہاں آرا بیگم (زیب النسا کی پھوپھی) ایک دفعہ باغ کی سیر کو نکلی۔ ہر طرف پردہ کرا دیا گیا۔ میر صیدی طہرانی ایک مشہور شاعر تھا۔ وہ کسی حجرہ میں چھپ کر سواری کا تماشا دیکھ رہا تھا۔ بیگم کا ہاتھی پاس سے گزرا تو بے ساختہ صیدی نے یہ مطلع پڑھا۔

برقع بہ رخ افگندہ برد ناز بہ باغش

تانگہت گل بیختہ آید بہ دماغش

(باغ میں برق پہن کر اس لئے جاتی ہیں کہ پھول کی خوشبو چھن کر دماغ میں آئے۔) بیگم نے حکم دیا کہ شاعر کو کشاں کشاں سامنے لائیں۔ بیگم نے بار بار مطلع پڑھوا

کرسنا اور پانچ ہزار روپے دلوا دیئے۔ لیکن ساتھ ہی حکم دیا کہ شہر سے نکال دیا جائے۔ ۱۲ (یعنی یہ گستاخی کیوں کی) اس واقعہ سے اندازہ ہو سکتا ہے کہ بیگمات کے لئے کس قسم کے آداب مقرر تھے۔

اخلاق و عادات

زیب النسا اگرچہ درویشانہ اور منصفانہ مذاق رکھتی تھی، تاہم شاہجہاں کی پوتی تھی۔ اس لئے نفاست پسندی اور امارت کے سامان بھی لازمی تھے۔ عنایت اللہ خاں جو امرائے عالمگیری میں مقرب خاص تھا، زیب النسا کا میر خانساماں تھا۔ ۱۳ کشمیر میں جابجا خوشگوار اور خوش منظر چشمے ہیں۔ ان میں سے ایک چشمہ جس کا نام احول تھا، زیب النسا کی جاگیر میں تھا۔ زیب النسا نے اس کے متصل ایک نہایت پر تکلف باغ اور شاہانہ عمارتیں تیار کرائی تھیں۔ چنانچہ عالمگیر جب ۱۰۷۳ میں کشمیر کے سفر کو گیا ہے تو اس مقام پر ایک دن قیام کیا اور زیب النسا نے قاعدے کے موافق نذر پیش کی اور روپے نچھاور کئے۔ ۱۴ ۱۰۹۰ ہجری میں ابرک کا ایک بڑا خیمہ تیار کرایا تھا۔ جو تمام تر شیشہ معلوم ہوتا تھا۔ نعمت خاں عالی نے اس کی تعریف میں ایک چھوٹی سی مثنوی لکھی۔ جس کے چند اشعار حسب ذیل ہیں۔

ازاں خرگاہ طلقش چشم بد دور
کہ شد از جلوہ اش نور علی نور
تعالی اللہ چہ روشن بارگاہے
کدورت را در ینج انیست راہے
ز نورش گشتہ خیرہ چشم کوکب
کمینہ خانہ زادش ماہ نخشب

فروغش گر چنیں دارد جہاں تاب
کسے شب رانخواہد دید در خواب
چو عاجز گشت نطقم از ثنایش
شدم جویائے تاریخ بنایش
پے تاریخ آں گفتار زمانہ
بر دز نگ دلم آئینہ خانہ

بھائیوں سے نہایت محبت رکھتی تھی۔ ۱۱۰۵ ہجری میں جب اعظم شاہ مرض استسقا میں سخت بیمار ہوا تو زیب النسا نے اس کی تیمارداری اس محبت سے کی کہ تمام ایام مرض تک اس پرہیزی غذا کے سوا جو خود شہزادہ کھاتا تھا، کوئی اور غذا نہیں کھائی۔ محمد اکبر جس زمانے میں عالمگیر سے باغی ہو کر راجپوتوں سے مل گیا ہے، اس زمانے میں بھی زیب النسا نے اس سے برادرانہ راہ ورسم اور خط و کتابت ترک نہ کی۔ جس کے صلے میں اس کی تنخواہ اور جاگیر ضبط ہو گئی۔ ۱۵

زیب النسا کے متعلق جھوٹے قصے

زیب النسا کے متعلق متعدد جھوٹے قصے مشہور ہو گئے ہیں جن کو یورپین مصنفوں نے اور زیادہ آب و رنگ دیا ہے۔ ان میں سے ایک یہ ہے کہ زیب النسا اور عاقل خاں سے عاشقی اور معشوقی کا تعلق تھا اور زیب النسا اس کو چوری چھپے سے محل میں بلایا کرتی تھی۔ ایک دن عالمگیر محل میں موجود تھا کہ اس کو پتہ لگا کہ عاقل خاں محل میں ہے اور حمام کی دیگ میں چھپا دیا گیا ہے۔ عالمگیر نے انجان بن کر اسی دیگ میں پانی گرم کرنے کا حکم دیا۔ عاقل خاں نے اخفائے راز کے لحاظ سے دم نہ مارا اور جل کر رہ گیا۔ مرنے کے وقت یہ مطلع کہا تھا۔

بعد مردن ز جفائے تو اگر یاد کنم

از کفن دست برون آرم و فریاد کنم

عاقل خاں کا مفصل تذکرہ مآثر الامرا میں موجود ہے اور چونکہ شاعر تھا، تمام تذکروں میں بھی اس کے حالات مذکور ہیں۔ لیکن اس واقعہ کا کہیں نام و نشان نہیں۔ جن کتابوں میں اس کا حال مل سکتا تھا اور جو مستند اور معتبر خیال کی جاتی ہیں حسب ذیل ہیں۔ عالمگیر نامہ، مآثر عالمگیری، مآثر الامرا، تذکرہ سرخوش، خزانہ عامرہ، سرو آزاد، ید بیضا۔ ان کتابوں میں ایک حرف بھی اس واقعہ کے متعلق موجود نہیں حالانکہ اس کی وفات کا تذکرہ سب نے لکھا ہے جو ۱۱۰۷ ہجری واقع ہوئی۔ دوسرا واقعہ یہ مشہور ہے کہ ایک دفعہ زیب النسا نے یہ مصرع کہا، از ہم نمی شود ز حلاوت جدا لبم۔ چاہتی تھی کہ مطلع ہو جائے لیکن دوسرا مصرع اس کی جوڑ کا موزوں نہیں ہوتا تھا۔ ناصر علی کے پاس مصرع لکھ کر بھیجا۔ اس نے برجستہ کہا،

از ہم نمی شود ز حلاوت جدا لبم

شاید رسید بر لبِ زیب النسا لبم

لیکن جو شخص تیموریوں کے جاہ و جلال اور آداب و آئین سے واقف ہے وہ سمجھ سکتا ہے کہ بیچارے ناصر علی کو خواب میں بھی اس گستاخی کی جرات نہیں ہو سکتی تھی۔

حاشیے

(۱) مآثر الامرا، جلد دوم صفحہ ۶۷۰،۶۷۱

(۲) مآثر الامرا، جلد دوم، صفحہ ۸۲۸

(۳) مآثر عالمگیری، صفحہ ۵۳۸

(۴) سرو آزاد، تذکرہ ملا اشرف

(۵) سرو آزاد، تذکرہ ملا اشرف ماژندرانی

(٦) مآثر عالمگیری، صفحہ ۳۰۴

(۷) مآثر عالمگیری، صفحہ ۲۲۵

(۸) صفحہ عالمگیری، صفحہ ۲٦۲

(۹) مآثر عالمگیری، صفحہ ۵۳۹

(۱۰) یہ تمام اشعار تذکرہ مجمع الغرائب اشرف سعید کے حالات میں نقل کئے ہیں۔

(۱۱) خزانہ عامرہ، تذکرہ نعمت خاں علی۔

(۱۲) خزانہ عامرہ، ذکر صیدی طہرانی

(۱۳) مآثر الامرا، جلد دوم، تذکرہ عنایت اللہ خاں، صفحہ ۸۲۸

(۱۴) عالمگیر نامہ، مطبوعہ کلکتہ۔ صفحہ ۸۳٦

(۱۵) مآثر الامرا، جلد اول، صفحہ ۵۹۹، مآثر عالمگیری میں زیب النسا کی بجائے زینت النسا کا نام لکھا ہے، لیکن یہ وہی لفظی اشتباہ ہے۔

***

حقائق اشیا اور معشوق حقیقی

تصوف کا راستہ عام شاہراہ سے اس قدر الگ ہے کہ نیا شخص اس عالم میں آتا ہے تو ہر طرف سے اس کے کان میں یہ صدائیں آتی ہیں کہ اس نے آج تک جو کچھ دیکھا تھا، سنا تھا، سمجھا تھا، سب غلط ہے، لیکن ایک مدت کا تجربہ، علم اور یقین دفعتاً بدل نہیں سکتا، اس لئے انسان کو خواہ مخواہ شبہ پیدا ہوتا ہے کہ خود یہ عالم، وہمیات کا عالم ہے، جہاں بداہت، مشاہدے، تجربے کی کچھ قدر نہیں۔ حضرات صوفیہ بھی اس بات کو جانتے ہیں کہ جو کچھ وہ سمجھانا چاہتے ہیں، آسانی سے سمجھ میں آنے کی بات نہیں۔ اس لئے تلقین وہدایت سے پہلے ان کو عام طرح پر اس مسئلے کی طرف لوگوں کو متوجہ کرنا پڑتا ہے کہ حقائق اشیا کیا ہیں؟ وہ پہلے یہ تلقین کرتے ہیں کہ ہر چیز کی حقیقت کا پتا لگاؤ کہ وہ اصل میں کیا ہے۔ پھر نہایت کثرت سے مثالوں کے ذریعے سے سمجھاتے ہیں کہ جس چیز کو تم ایک چیز کی حقیقت سمجھتے ہو، یہ اس کی حقیقت نہیں۔ خواجہ فرید الدین عطار فرماتے ہیں،

اگر اشیا چنین بودی کہ پیداست
سوال مصطفےٰ کی آمدی راست
با حق، مہتر دین گفت، الٰہی!
بمن بنمای اشیار اکماہی
(یعنی رسول اللہ صلعم)

خداوند کہ این اشیا چگونہ است

کہ در چشم تو اکنون باژ گونہ است

یعنی اگر تمام چیزیں در حقیقت ایسی ہی ہیں جیسی ظاہر میں نظر آتی ہیں، تو رسول اللہ صلعم یہ کیوں فرماتے کہ "اے خدا! مجھ کو اشیا کو اس طرح دکھا جس طرح وہ واقع میں ہیں۔"

سحابی کہتا ہے،

ہر چیز کہ پیدا است، نمود ست نہ بود

بعد ست کبود دیکہ بینی، نہ سما

جو کچھ دکھائی دیتا ہے یہ نمود ہے، حقیقت نہیں۔ یہ نیلا نیلا جو نظر آتا ہے، آسمان نہیں، بلکہ بعد نظر ہے۔

مولانا روم نے اس مسئلے کو سمجھانے کے لئے پہلے محسوسات کو لیا ہے۔ اور کثرت سے مثالیں دے کر بتایا ہے کہ جو چیز علانیہ محسوس نظر آتی ہے، وہ اصل نہیں بلکہ اس میں جو چیز اصلی ہے، وہ محسوس نہیں،

نیست را بنمود ہست آن محتشم

ہست را بنمود بر شکل عدم

بحر را پوشید و کف کرد آشکار

باد را پوشید و بنمودت غبار

چوں منارہ، خاکِ پیچاں در ہوا

خاک از خود چوں بر آید بر علا

خاک را بینی بہ بالا ای علیل

بادرانہ، جزبہ تعریف و دلیل
کف ہمی بینی روانہ ہر طرف
کف پی دریانہ دارد منصرف
کف بہ حس بینی و دریا از دلیل
فکر پنہاں، آشکارا قال و قیل
نفی را اثبات می پنداشیتم
دیدہ معدوم بینی داشتیم
این عدم را چوں نشاند اندر نظر
چون نہاں کرد آں حقیقت او بصر
ایں جہان نیست بس ہستاں شدہ
واں جہان ہست بس پنہاں شدہ

یعنی مثلاً بگولا جب اٹھتا ہے تو ہم کو جو چیز نظر آتی ہے وہ خاک ہے۔ لیکن اصل میں جو چیز ہے اور جس چیز نے خاک کو حرکت دی، وہ ہوا ہے۔ خاک علانیہ نظر آتی ہے، لیکن ہوا کو دلیل اور قیاس سے ثابت کرنا پڑتا ہے۔ ہم جب بات چیت اور بحث و مباحثہ کرتے ہیں تو گفتگو اور بات چیت ہر شخص بداہتہ محسوس کرتا ہے، لیکن بات کا جو اصلی سبب ہے، یعنی فکر اور تعقل، وہ مخفی ہے۔ غرض جو چیزیں علانیہ نظر آتی ہیں وہ اصل چیزیں نہیں اور جو اصلی چیزیں ہیں وہ محسوس اور بدیہی نہیں۔

جو چیز جس قدر حقیقی اور واقعی ہے، اسی قدر غیر محسوس اور غیر مشاہد ہے۔ آج کل کے مذاق کے موافق اس کو یوں سمجھو کہ سب سے یقینی اور قطعی چیز مادہ ہے۔ لیکن زیادہ غور کرو تو معلوم ہوتا ہے کہ مادے میں سے جو چیز محسوس اور مشاہد ہے، وہ صرف رنگ

اور مقدار ہے۔ باقی کوئی چیز حواس سے محسوس نہیں ہوسکتی۔ ہم قیاس کرتے ہیں کہ چونکہ رنگ اور طول و عرض خود نہیں قائم ہوسکتے، اس لئے کوئی اور چیز ہے جس میں رنگ اور طول و عرض قائم ہے، لیکن جو لوگ یہ کہتے ہیں کہ جوہر خود کوئی چیز نہیں، بلکہ چند عرضوں کا مجموعہ ہے، وہ یہ کہہ سکتے ہیں کہ مادہ کوئی چیز نہیں، چند اغراض جمع ہوگئے ہیں جن کو ہم مادہ کہتے ہیں۔ غرض کسی چیز کے موجود ہونے کا مدار صرف محسوس اور مشاہد ہونے پر نہیں۔

اجمالی طور پر جب یہ ذہن نشیں ہو جاتا ہے کہ حقائق اشیا میں ہم غلطی کرسکتے ہیں اور کرتے ہیں، تو حضرات صوفیہ خاص خاص چیزوں کی نسبت جن سے تصوف کو تعلق ہے، تلقین کرتے ہیں کہ ان کی وہ حقیقت نہیں، جو عام لوگ سمجھتے ہیں۔ مثلاً تمام عالم اس پر متفق ہے کہ زندگی کا اصلی مقصد حصول لذت ہے۔ حضرات صوفیہ بھی اسی کے قائل ہیں، لیکن وہ کہتے ہیں کہ پہلے اس کا فیصلہ کرنا چاہئے کہ اصلی لذت کیا ہے؟ شروع سے لو، بچہ کھیل کود، آلات لہو ولعب، رنگین اور ملمع چیزوں کو پسند کرتا ہے۔ بڑا ہو کر سمجھتا ہے کہ یہ طفلانہ مذاق تھا۔ اب خوش لباسی، عیش پرستی، سیر و تفریح پر جان دیتا ہے۔ جب معلومات اور خیالات میں اور ترقی ہوتی ہے تو سمجھتا ہے کہ یہ جوانی کی ترنگیں تھیں، اب ان کا وقت نہیں، اب وہ زیادہ اونچے کاموں میں مصروف ہوتا ہے، علم اور قابلیت پیدا کرتا ہے، ناموری اور عزت کا جویا ہوتا ہے۔ دولت و جاہ، عزت و شہرت، عہدہ و منصب حاصل کرتا ہے۔ مقتدائے عام بن جاتا ہے اور یہ گویا کمال زندگی کا اخیر درجہ ہے۔ لیکن حقیقت شناسی اس سے بھی آگے بڑھتی ہے تو معلوم ہوتا ہے کہ یہ بھی بے حقیقت چیزیں تھیں۔ اسی طرح یہ سلسلہ آگے بڑھتا جاتا ہے، لیکن بالآخر ایک حد قرار پاجاتی ہے اور ارباب ظاہر کے نزدیک وہی حاصل زندگی ہوتا ہے۔

حضرات صوفیہ فرماتے ہیں کہ جس طرح بچپن سے لے کر آج تک تم نے غلطیاں کیں، اب بھی غلطیوں کا سلسلہ بند نہیں ہوا۔ جس طرح ترقی کے مدارج نے پچھلی باتیں بے حقیقت ثابت کیں، اب بھی مدارج ترقی باقی ہیں اوران کی کوئی انتہا نہیں۔ ایک درجہ طے ہوگا، دوسرا پیش آئے گا۔ دوسرا طے ہوگا، تیسرا پیش آئے گا اور وہکذا۔ لیکن یہ درمیانی منزلیں بھی ذوق اوروجدان سے خالی نہیں۔ اس لئے،

رہ روان را خستگی راہ نیست

عشق خود راہ است و ہم خود منزل است

حسن وجمال ایسی چیز ہے جو تمام عالم کو مرغوب ہے، لیکن لوگ یہ فیصلہ نہیں کرتے کہ جمال اصلی کیا چیز ہے؟ لوگ جن چیزوں کے حسن کو پسند کرتے ہیں، وہ عارضی حسن ہے، اصلی نہیں۔ دیوار اگر آفتاب کے عکس پڑنے سے روشن ہو جائے تو دیوار کو روشن نہیں کہنا چاہئے، بلکہ حقیقت میں آفتاب روشن ہے۔ اسی طرح جن چیزوں میں عارضی اوصاف ہیں، وہ حقیقت میں صاحب اوصاف نہیں۔ مولانا روم کہتے ہیں،

ہمچو آں ابلہ کہ تاب آفتاب

دید بر دیوار وحیران شد شتاب

عاشق دیوار رشد کایں باضیافت

بے خبر کایں عکس خورشید سماست

چوں بہ اصل خویش پیوست آں ضیا

دید دیوار سیہ ماندہ بہ جا

او بماندہ دور از مطلوب خویش

سعی ضائع، رنج باطل پای ریش

گرچہ آہن سرخ شد، او سرخ نیست
پر تو عاریت آتش زنیست
گر شود پر نور روزن یا سرا
تو مدان روشن، مگر خورشید را
ور دد دیوار گوید روشنم
پر توِ غیری ندارم، ایں منم
پس بگوید آفتاب ای نارشید
چونکہ من عائب شوم آید پدید
سبز ہا گویند ما سبز از خودیم
شاد و خندانیم وبس زیبا خدیم
فصل تابستان بگوید ای امم
خویش را بینید چوں من بگزرم
تن ہمی نازد بہ خوبی و جمال
روح پنہاں کردہ فر پر و بال
گویدش، ای مزبلہ تو کیستی
یک دو روز از پر توِ من زیستی
غنج و نازت می نہ گنجد در جہاں
باش کہ تا من شوم از تو نہاں
پر تو روح ست نطق چشم و گوش
پر تو آتش بود در آب جوش

اسی غلطی کا نتیجہ ہے کہ لوگ حسن کے معنی رنگ روپ، چمک دمک، تناسب اعضا، اعتدال جسم، نازک ادائی، شوخی وغیرہ وغیرہ سمجھتے ہیں۔ اوران کے ذہن میں آنہیں سکتا کہ جس چیز میں یہ کچھ نہ ہو، وہ بھی خوبصورت ہو سکتی ہے۔ حالانکہ تمام عالم میں جو حسن ہے، یہاں تک کہ آفتاب کی چمک، قوس قزح کی رنگینی، آسمان کی نیل گونی، سبزے کا روپ، بچپن کا نمو، شباب کی تازگی، بڑھاپے کا نور، سب پر حسن حقیقی کا ایک ذرا سا پرتو پڑ گیا ہے،

آں شعاعی بود بر دیوار شان
جانب خورشید وا رفت آں نشان
بر ہر آں چیزی کہ افتد آں شعاع
تو بر آں ہم عاشق آئی اے شجاع
عشق تو بر ہر چہ آں موجود بود
آں ز وصف حق چو زر اندود بود
چوں زری با اصل رفت و مس بماند
از زری خویشتن مفلس بماند
طبع سیر آمد طلاق او بخواند
پشت بروی کرد و دست از وی فشاند
از زر اندود صفاتش پا بکش
از جہالت قلب را کم گوی خوش
کان خوشی در قلب ہا عاریتی ست
زیر زینت مایہ بی زینتی ست

زر زروی قلب در کان می رود
سوی آں کان تو برو، کان میرود
نور از دیوار تا خور می رود
تو بدان خور رو کہ در خور می رود
زاں سپس بستان تو آب آز آسماں
چوں ندیدی تو وفا در ناوداں

غرض تمام اشیا میں جو اوصاف ہیں عارضی ہیں۔ اصل کوئی اور چیز ہے، جہاں سے ان اوصاف کا فیضان ہوتا ہے، یا جو ان اوصاف کے ساتھ حقیقتاً متصف ہے۔ جب یہ مقدمات اور یہ سلسلہ ذہن نشین ہو جاتا ہے تو حضرات صوفیہ کی اصلی تلقین شروع ہوتی ہے اور وہ یہ ہے کہ تم جن چیزوں کو اپنا مقصد، اپنا مطلوب، اپنا حاصل زندگی قرار دیتے ہو، غور سے دیکھو وہ تمہارا حقیقی مقصد زندگی ہونے کے قابل ہے یا نہیں۔ جس چیز کو تم نے حسین سمجھا تھا وہ خود حسین نہ تھی، بلکہ حسن حقیقی کا اس پر پر تو پڑ گیا تھا، جو بہت جلد جاتا رہا۔ اس لئے تمہارا منتہائے خیال اور منتہائے خواہش حسن حقیقی، جمال حقیقی اور معشوق حقیقی ہونا چاہئے۔ اور یہی تصوف کی جان اور اس کا دین وایمان ہے۔

ابر را تابی اگر ہست از مہ است
ہر کہ مہ خواند ابر را او گمرہ است
نور مہ بر ابر چوں منزل شدہ است
روی تاریکش ز مہ مبدل شدہ است
گرچہ ہمرنگ مہ است و دولت ست
اندر ابر آں نور مہ عاریت ست

دایہ عاریت بود روزی دوچار

مادرا! ماراتو گیر اندر کنار

من نخواہم دایہ، مادر خوش تراست

موسیم من، دایہ من مادر است

من نخواہم لطف حق از واسطہ

کہ ہلاک خلق شد ایں رابطہ

* * *

میر انیس اور مرزا دبیر کا موازنہ

(مندرجہ ذیل تحریر علامہ شبلی کی کتاب "موازنہ انیس و دبیر" سے ماخوذ ہے)

اردو علمِ ادب کی جو تاریخ لکھی جائے گی، اس کا سب سے عجیب تر واقعہ یہ ہو گا کہ مرزا دبیر کو ملک نے میر انیس کا مقابل بنایا اور اس کا فیصلہ نہ ہو سکا کہ ان دونوں حریفوں میں ترجیح کا تاج کس کے سر پر رکھا جائے۔

شاعری کس چیز کا نام ہے؟ کسی چیز کا، کسی واقعہ کا، کسی حالت کا، کسی کیفیت کا اس طرح بیان کیا جائے کہ اس کی تصویر آنکھوں کے سامنے پھر جائے۔ دریا کی روانی، جنگل کی ویرانی، باغ کی شادابی، سبزے کی لہک، پھولوں کی مہک، خوشبو کی لپٹ، نسیم کے جھونکے، دھوپ کی سختی، گرمی کی تپش، جاڑوں کی ٹھنڈ، صبح کی شگفتگی، شام کی دل آویزی، یا رنج و غم، غیظ و غضب، جوش و محبت، افسوس و حسرت، عیش و طرب، استعجاب و حیرت، ان چیزوں کا اس طرح بیان کرنا کہ وہی کیفیت دلوں پر چھا جائے، اسی کا نام شاعری ہے۔

اس کے ساتھ الفاظ میں فصاحت، سلاست، روانی، بندش میں چستی اور چستی کے ساتھ بے تکلفی، دل آویزی اور برجستگی، لطیف اور نازک تشبیہات اور استعارات، اصول بلاغت کے مراعات، ان تمام اوصاف میں سے کون سی چیز مرزا دبیر میں پائی جاتی ہے؟ فصاحت ان کے کلام کو چھو بھی نہیں گئی۔ بندش میں تعقید اور اغلاق، تشبیہات اور

استعارات اکثر دور از کار، بلاغت نام کو نہیں، کسی چیز یا کسی کیفیت یا حالت کی تصویر کھینچنے سے وہ بالکل عاجز ہیں۔ خیال آفرینی اور مضمون بندی البتہ ہے لیکن اکثر جگہ اس کو سنبھال نہیں سکتے۔ ہماری یہ غرض نہیں کہ ان کے کلام میں سرے سے یہ باتیں پائی ہی نہیں جاتیں۔ وہ نہایت پر گو تھے، ان کے اشعار کا شمار ہزاروں کیا لاکھوں تک ہے، اخیر اخیر میں وہ میر انیس کی تقلید بھی کرنے لگے تھے، اس بنا پر ان کے کلام میں جا بہ جا شاعری کے لوازم اور خاصے پائے جاتے ہیں، لیکن گفتگو قلت اور کثرت میں ہے۔ میر انیس کے بہت سے اشعار میں فصاحت و بلاغت کا حصہ بہت کم ہے، لیکن دیکھنا یہ ہے کہ دونوں میں سے نسبتاً کس کا کلام شاعری کے معیار پر پورا اترتا ہے۔ میر انیس کا عیب و ہنر تم دیکھ چکے، اب مرزا صاحب کے متعلق ہم ایک ایک چیز بہ تفصیل لکھتے ہیں،

فصاحت

یہ امر بدیہی ہے کہ مرزا دبیر کے کلام میں وہ فصاحت اور شستگی نہیں جو میر انیس کے کلام میں ہے اور اس کے مختلف اسباب ہیں،

(۱) مرزا صاحب اکثر ثقیل اور غریب الفاظ استعمال کرتے ہیں، مثلاً،

مستدعی شق القمر آکر ہوئے گم راہ

ہر کوہ کی آواز انا الطور انا الطور

النشر کا ہنگامہ ہے اس وقت حشر میں

لبیک و سعدیک تھا وردِ ملک و حور

المنتہی یہ ربط یہ ضبط اس دعا میں تھے

خاص الخلاصہ بنی آدم، کمال میں

یارو! سنا مدائح نوشاہ کا بیاں

رخ بینہ صدق کرامات پیمبر
مستجمعِ جمیع فضائل، ملک سیر
مستغرق روح اس نے کیا تب عسل وشیر
لے کر رطب دلو دوم کہنے لگا شاہ
میدانی ونقیب وعصاء دار وچوب دار
عرشی فلکی بڑھ کے نقیبانہ پکارے

اس قسم کے سیکڑوں الفاظ ہیں، ہم نے صرف دو تین مرثیوں سے سرسری انتخاب کیا ہے، ورنہ سیکڑوں ہزاروں تک نوبت پہنچتی۔ یہ الفاظ اگرچہ صحیح ہیں، عربی اور فارسی میں مستعمل ہیں، لیکن اردو نظم کی سلاست اور روانی ان کی متحمل نہیں ہو سکتی۔

(۲) بعض الفاظ بہ جائے خود ایسے ثقیل اور گراں نہیں، لیکن مرزا صاحب جن ترکیبوں کے ساتھ ان کو استعمال کرتے ہیں، ان سے نہایت ثقل اور بھدا پن پیدا ہو جاتا ہے۔ یہ امر ان مثالوں میں صاف واضح ہو جاتا ہے، جہاں ایک ہی لفظ یا الفاظ کو میر مرزا دونوں نے استعمال کیا ہے۔ ھل اتی (لافتی) انما، قل کفی، یہ چاروں لفظ حضرت علی کے فضائل کی تلمیحات (الیوژن) ہیں، ان تلمیحات کو ایک ایک بند میں دونوں نے باندھا ہے۔ مرزا صاحب فرماتے ہیں،

اہل عطا میں تاج سر ہل اتی ہیں یہ
اغیار لاف زن ہیں، شہ لافتی ہیں یہ
خورشیدِ انورِ فلک انما ہیں یہ
کافی ہے یہ شرف کہ شہ قل کفی ہیں یہ
ممتاز گو خلیلؑ رسولان دیں میں ہیں

کاشف ہے لو کشف، یہ زیادہ یقیں میں ہیں

میر انیس کہتے ہیں،

حق نے کیا عطا پہ عطاہل آتی کسے

حاصل ہوا ہے مرتبہ لافتی کسے

کونین میں ملا شرف انما کسے

کہتی ہے خلق بادشہ قل کفی کسے

دنیا میں کون منتظم کائنات ہے

کس کو کہا خدا نے کہ یہ میرا بات ہے

مرزا صاحب کے کلام میں اس قسم کی ناموزونی نہایت کثرت سے ہے، ہم صرف چند مثالوں پر اکتفا کرتے ہیں،

اک شخص کمر شہ کی لگا باندھنے خورسند

اک دلو بھروپانی سے اور ایک رطب لو

نوبت زن نہ بام عروج فلک پیر

ملبوس قلم کار نہ دوں ہے نہ پرانا

سر کو عوض پارہ مدحت میں دھروں گا

شرح کہن ناطقہ منسوخ کروں گا

یہ صورت پیغمبر قوسین مکاں ہے

ہے طلعت جلد و نفس سینہ یہ محسوس

وہ برق شفق میں، تو یہ پروانہ بہ فانوس

ناگاہ کھلا دشت میں بازار زدو کشت

تیغیں کھنچیں یک دست، تلے گرز بھی یک مشت

نہ چشم جراحت، نہ رہ فوت کو دیکھا

کہتے ہیں جسے عاشق وشید املک وناس

خیاط عہد طفلی شاہ انام تھے

اس کی ثنا مشقت مالا یطاق ہے

نانا نے تو قلم کیے جبریل کے سہ پر

کفار بڑے طیش سے ہونٹوں کو دبا کے

دانتوں کے تلے بال محاسن کے دبا کے

آمد ہے امام سوم ہر دوسرا کی

اس سر پہ دھرے ہاتھ بہ قسمیہ اجل ہے

بس ہدیہ اللہ کے قابل یہی پھل ہے

بندش کی سستی اور ناہمواری

میر انیس اور مرزا دبیر میں اصلی جو چیز مابہ الامتیاز ہے، وہ الفاظ کی ترکیب، نشست اور بندش کا فرق ہے۔ میر انیس کا کلام تم پڑھ چکے ہو، ان کا اصلی جوہر بندش کی چستی، ترکیب کی دل آویزی، الفاظ کا تناسب اور برجستگی وسلاست ہے۔ یہ چیزیں مرزا صاحب کے ہاں بہت کم ہیں، ایک ہی مصرع میں ایک لفظ نہایت بلند اور شان دار ہے، دوسرا مبتذل اور پست ہے۔ بند کا ایک شعر اس زورور کا ہے کہ معلوم ہوتا ہے کہ بادل گرجتا آ رہا ہے، دوسرا بالکل پھیکا اور کم وزن ہے۔ دو تین بند صاف اور سلیس نکل جاتے ہیں، پھر تعقید اور بے ربطی شروع ہوتی ہے۔

اکثر جگہ الفاظ بڑے دھوم دھام کے ہیں، لیکن حاصل کچھ نہیں۔ یہ باتیں اگرچہ

عام طور پر ان کے تمام مرثیوں میں پائی جاتی ہیں، لیکن نمونے کے طور پر ہم چند بند ان مرثیوں کے نقل کرتے ہیں جو بڑے زور کے مرثیے خیال کیے جاتے ہیں اور جن میں بعض میر انیس کے جواب میں لکھے گئے ہیں،

اے دبدبہ نظم! دو عالم کو ہلا دے
اے طنطنہ طبع! جز و کل کو ملا دے
اے معجزہ فکر! فصاحت کو جلا دے
اے زمزمہ نطق! بلاغت کا صلا دے
اے بائے بیاں! معنی تسخیر کو حل کر
اے سین سخن! قاف سے تا قاف عمل کر

یہ مرثیہ میر انیس کے جواب میں ہے، کس قدر زور شور کی اٹھان ہے، کیسے پر رعب الفاظ ہیں، لیکن معانی میں بہت کم ربط ہے۔ طنطنے کو جز و کل کے ملا دینے سے کیا نسبت ہے؟ زمزمہ نطق سے بلاغت کا صلہ مانگنے کے کیا معنی؟ بیان کی بے کو، تسخیر سے کیا خاص تعلق ہے؟ اسی طرح سخن کے سین کو قاف سے قاف تک عمل کرنے کے لئے کیا خصوصیت ہے؟

بولا علم خامہ فلک پر میں گڑوں گا
سکے نے ندا دی، زر انجم پہ پڑوں گا
معنی نے کہا بیت میں آئینہ جڑوں گا
مضمون پکارا میں کسی سے نہ لڑوں گا
بندش یہ کھلی، دم میں فصاحت کا بھروں گی
چلائی طبیعت کہ میں اصلاح کروں گی

پہلے دو مصرع کس قدر دھوم دھام کے ہیں۔ تیسرے میں تنزل شروع ہوا، چوتھا بالکل گر گیا، کیونکہ اوپر کے مصرعوں کی مناسبت کے لحاظ سے موقع یہ تھا کہ اس میں بھی کوئی ایجابی دعویٰ کیا جاتا۔ مضمون کا نہ لڑنا اگرچہ معنیً تعریف کی بات ہے، لیکن یہاں لڑائی سے گریز کرنے کا موقع نہیں۔ اخیر کا شعر اور خصوصاً اس کا دوسرا مصرع کس قدر پھس پھسا اور مبتذل ہے۔ طبیعت کے چلانے کا یہ کیا موقع ہے اور طبیعت کے لیے چلانا کتنا موزوں لفظ ہے۔

میں کون ہوں صاحب علم کلک جہاں گیر
نوبت زن نہ بام عروج فلک پیر
تاج سر لفظ و سخن و معنی و تحریر
خاک قدم محتشم و مقبل شبیر
سن کر نہ کرے ہاں تو شکایت بھی نہیں ہے
انصاف تو کہتا ہے، خداوند یوں ہی ہے

پہلے تین مصرعوں کا جو انداز ہے، چوتھا مصرع اس سے کس قدر بے گانہ ہے۔

مضمون میں نئے کرتا ہوں ایجاد ہمیشہ
کہتا ہے سخن، حضرت استاد ہمیشہ
کہنے میں ہے تاثیر خداداد ہمیشہ
بھولے سے بتادوں تو رہے یاد ہمیشہ
بے لطف خدا، یہ ہمہ دانی نہیں آتی
پر شمع صفت چرب زبانی نہیں آتی

جو چیز خداداد ہے، اس کے لئے ہمیشہ کی قید حشو محض ہے۔ چوتھا مصرع، تیسرے

مصرع سے بالکل بے تعلق ہے، استادی کا ذکر دوسرے مصرع میں ہے اور اس کے ساتھ اس مصرع کو ربط ہو سکتا ہے۔ ٹیپ کے دو مصرع بھی باہم بالکل بے تعلق ہیں۔ تین چار بند کے بعد فرماتے ہیں،

مضمون تر و تازہ ہے چستی میں یگانا
ملبوس قلمکار، نہ دوں ہے نہ پرانا
اس دھیان کے آنے سے کرم شاہ کا جانا
خدام ولا بولے کہ ہاں ہاتھ بڑھانا
لے ہدیہ تائید قدیر ازلی ہے
لے خلعت تحسین حسین ابن علی ہے

پہلے اور دوسرے شعر کی ترکیب اور انداز میں باہم کس قدر تفاوت ہے۔ دوسرا شعر پہلے شعر سے بالکل الگ ہو گیا ہے۔ دوسرے شعر کی بندش ایسی ہے کہ مطلب بھی آسانی سے سمجھ میں نہیں آتا، اس دھیان کا مشار الیہ کون ہے؟

حامی جو سلیمان دو عالم نظر آئے
مضمون جو عنقا تھے، وہ پر جوڑ کر آئے
طاؤس تصور کی طرح دل میں در آئے
شیشے میں پری زاد معانی اتر آئے
یاقوت بدخشاں سے، دُر آتے ہیں عدن سے
لعل اگلوں گا میں طائر سدرہ کے دہن سے

حضرت سلیمان کو عنقا سے کیا تعلق ہے؟ تصور کی تشبیہ طاؤس سے کس بنا پر ہے، اور پھر اس کے کیا معنی کہ عنقائے مضمون دل میں اس طرح اتر آئے جس طرح طاؤس

ہونے کی بنا پر ہے تو مضمون کا عنقا خود دل میں اتر سکتا ہے، طاؤس کی مشابہت کی کیا ضرورت ہے؟ ٹیپ میں عجب بے ربطی ہے، شاعر لعل اگلے گا لیکن طائر سدرہ کے دہن سے اگلے گا، اس کے کیا معنی؟ شاید اگلنے کو، اگلوانے کے معنی میں لیا ہے، یا اپنے آپ کو طائر سدرہ قرار دیا ہے۔

کب شعلہ خس، نور کی قندیل کو پہنچے
اڑ کر نہ مگس، طنطنہ فیل کو پہنچے
پشے کا نہ غل، صور سرافیل کو پہنچے
بلبل، نہ لب وہ لہجہ جبریل کو پہنچے
ارباب سخن پر جو سخن ور ہے ہمارا
القاب، سخن سنج، سخن ور ہے ہمارا

کس قدر بھدے الفاظ اور بھدی ترکیبیں ہیں۔ اس کے علاوہ بے ربطی کو دیکھو، شعلے کا مقابلہ قندیل سے نہیں بلکہ قندیل کی روشنی سے ہو سکتا ہے۔ پرواز کو طنطنے سے کیا نسبت ہے؟ بلبل کو جبریل سے کیا مناسبت ہے؟ لقب کے بجائے القاب باندھا ہے۔

سرکار ہے ہر مجلس شبیر ہماری
مضموں کی طرح بیت ہے جاگیر ہماری
آئینہ سکندر پہ ہے تسخیر ہماری
ہے مہر سلیمان کی تحریر ہماری
تنہا مہ و ماہی پہ نہیں سکہ پڑا ہے
سورج کا نگینہ بھی انگوٹھی پہ جڑا ہے

بیت کا درجہ مضمون سے کم ہے، کیونکہ بیت کی جو خوبی ہے، مضمون ہی کی وجہ سے

ہے، اس بنا پر یہ تشبیہ کہ مضمون کی طرح بیت ہماری جاگیر ہے، بے معنی ہے۔ جب مضمون جاگیر ہو چکا تو بیت خود ہی جاگیر ہو گئی۔ ٹیپ کا اخیر مصرع بالکل بے معنی ہے۔ پہلے انگوٹھی سے کسی چیز کا استعارہ کرنا تھا، پھر سورج کا نگینہ جڑنا تھا، ورنہ ظاہر ہے کہ ہاتھ میں پہننے کی انگوٹھی پر سورج کا نگینہ جڑنا، کس قدر لغوبات ہے۔

قابل میں سخن کے ہوں، سخن ہے مرے قابل
لیکن سخنِ شہرہ فگن ہے مرے قابل
رضوان کو جنت یہ چمن ہے مرے قابل
موتی کو صدف اور یہ عدن ہے مرے قابل
شہرہ ہے یہ تائید شہ جن وملک سے
مضمون مرا گھر پوچھتے آتے ہیں فلک سے

"سخن شہرہ فگن" نئی ترکیب ہے۔

رضوان کو جنت، یہ چمن ہے مرے قابل۔

ناموزوں ترکیب ہے۔ یا تو یوں ہونا چاہئے تھا کہ رضوان کو جنت چاہئے اور مجھ کو یہ چمن۔ یا یوں کہنا تھا کہ رضوان کے قابل جنت ہے اور میرے قابل چمن۔ چوتھے مصرع کی ترکیب کا بھی یہی حال ہے۔ ٹیپ کے دونوں مصرعے قریباً باہم متناقص ہیں۔ شہرہ بھی انتہا کا ہے، اور مضمون کو گھر پوچھنے کی بھی ضرورت ہے۔ شاید یہ مراد ہو کہ صرف نام مشہور ہو چکا ہے لیکن چونکہ مضامین کو کبھی مرزا صاحب سے روشناسی نہیں ہوئی اور آستانہ مبارک تک پہنچنے کی نوبت نہیں آئی، اس لئے گھر کا پتہ پوچھنا پڑا۔

ہیں وقف ہمیشہ مرے الفاظ و معانی
ہاں قلزم شیریں کا سبھی پیتے ہیں پانی

ہر بحر میں ہے بحر طبیعت کی روانی
ہے زور سخن، شور پہ، موجوں کی زبانی
قطرے سے مگر بحث میں میں صرف نہیں ہوں
دریا ہوں سخن کا، میں تنگ ظرف نہیں ہوں

تیسرے مصرع کا مطلب مشکل سے سمجھ میں آسکتا ہے، مقصد یہ ہے کہ زور سخن شور پر ہے، لیکن اس بات کو میں نہیں کہتا بلکہ موج کی زبان کہتی ہے۔ "بحث میں صرف ہونا" کون سا محاورہ ہے۔ ٹیپ کے دوسرے مصرع میں "میں" کا لفظ محض فضول ہے، پہلے مصرع میں "میں" کا لفظ آچکا ہے۔

خامہ ہے فروتن مرا افراط ادب سے
جھک کر شرفا اور نجبا ملتے ہیں سب سے
نخوت کے معانی ہیں الگ لفظوں کے لب سے
جس طرح سے بد اصل جدا نیک نسب سے
دشمن سے بھی ہم قطع نہیں کرتے حیا کو
مانندِ غبار اٹھتے ہیں تعظیمِ ہوا کو

پہلے مصرع میں خاکساری اور انکساری کے بجائے ادب کہا ہے، حالانکہ دونوں میں بہت فرق ہے۔ تیسرے مصرع کی ترکیب اور لفظ کے لب کا استعارہ سابق و لاحق کی سادگی و صفائی سے نہایت بے گانہ ہے۔

شیریں سخنی کا ہنر اکبر سے لیا ہے
اس ذرے میں سب، مہر حسینی کی ضیا ہے
بے مہری فلاک سے گو خاک بہ سر ہوں

ہاں عیب بڑا یہ ہے کہ میں اہل ہنر ہوں

"گو خاک بہ سر ہوں" کا جواب، "ہاں عیب بڑا یہ ہے" کس قدر بے جوڑ ہے؟ "میں" کا لفظ بالکل حشو ہے۔ مرزا صاحب کا ایک اور نہایت مشہور مرثیہ ہے،

کس شیر کی آمد ہے کہ رن کانپ رہا ہے

رن ایک طرف چرخ کہن کانپ رہا ہے

رستم کا جگر زیر کفن کانپ رہا ہے

خود عرش خداوند زمن کانپ رہا ہے

شمشیر بہ کف دیکھ کے حیدر کے پسر کو

جبریل لرزتے ہیں سمیٹے ہوئے پر کو

ہیبت سے ہیں نہ قلعہ افلاک کے در بند

جلاد فلک بھی نظر آتا ہے نظر بند

وا ہے کمر چرخ سے جوزا کا کمر بند

سیارے ہیں غلطاں صفت طائر پر بند

انگشت عطارد سے قلم چھوٹ پڑا ہے

خورشید کے پنجے سے علم چھوٹ پڑا ہے

یہ دونوں بند اپنے انداز میں پورے ہیں۔ اب تیسرا بند ملاحظہ ہو،

خود فتنہ و شر پڑھ رہے ہیں فاتحہ خیر

کہتے ہیں "انا العبد" لرز کر صنم و دیر

جاں غیر، بدن غیر، مکیں غیر، مکاں غیر

نے چرخ کا ہے چرخ، نہ سیارے کی ہے سیر

سکتے میں فلک خوف سے مانند زمیں ہے

جز بخت یزید، اب کوئی گردش میں نہیں ہے

"انا العبد" کس قدر سلاست کے خلاف ہے؟ یہ مصرع۔۔ جاں غیر، بدن غیر، مکیں غیر، مکاں غیر۔۔۔ اس بند میں کس قدر بے گانہ واقع ہوا ہے؟

بے ہوش ہے بجلی پہ سمند ان کا ہے ہشیار

خوابیدہ ہیں سب طالع عباس ہے بیدار

پوشیدہ ہے خورشید، علم ان کا نمودار

بے نور ہے منہ چاند کا، رخ ان کا ضیابار

سب جزو ہیں، کل رتبے میں کہلاتے ہیں عباس

کونین پیادہ ہے، سوار آتے ہیں عباس

یہ بند اوپر کے بند سے دفعتاً اس قدر بے تعلق ہو گیا ہے کہ مطلب سمجھنا مشکل ہے۔ "ان کا" مشارالیہ حضرت عباس ہیں، لیکن چونکہ حضرت عباس کا ذکر صرف پہلے بندوں میں آیا تھا، جس سے تین بندوں کا فاصلہ ہے، اس لئے ذہن اس طرف جلدی منتقل نہیں ہوتا۔ مضمون کی بے ربطی کی یہ کیفیت ہے کہ ایک طرف توہل چل کی وجہ سے بجلی کو بے ہوش قرار دیا ہے، دوسری طرف فرماتے ہیں کہ سب خوابیدہ ہیں۔ ٹیپ کی بندش کی سستی خود ظاہر ہے۔

چمکا کہ مہ و خور، زر و نقرہ کے عصا کو

سرکاتے ہیں پیر فلک پشت دوتا کو

عدل آگے بڑھا، حکم یہ دیتا ہے قضا کو

ہاں باندھ لے ظلم و ستم و جور و جفا کو

گھر لوٹ کے بغض و حسد و کذب و ریا کا
سر کاٹ لے حرص و طمع و مکر و دغا کا

ان استعارات میں جو لطافت ہے، وہ ظاہر ہے۔

ہم مناسب سمجھتے ہیں کہ ایک مشہور اور معرکے کے مرثیے کے متعدد بند اس موقع پر نقل کریں، جس سے مرزا صاحب کی طرز بندش کے تمام محاسن و معائب کا پورا اندازہ ہو سکے۔ یہ مرثیہ وہ ہے جس کو مرزا صاحب کے نام ور معتقدین اکثر مجالس میں بڑے فخر کے ساتھ پڑھتے ہیں۔

پرچم ہے کس علم کا شعاع آفتاب کی؟
پانی ہے کس پھرہرے سے ہمت سحاب کی؟
یہ شان ہے نشان رسالت مآب کی
چوب علم کلید ہے جنت کے باب کی
نقشہ علم کے پنجے میں اللہ کا ملا
بندوں کو اس نشاں سے نشان خدا ملا
صبح جہاد شاہ ثریا جناب ہے
فوج حسین بن کے ظفر ہم رکاب ہے
مشرق سے واں علم، علم آفتاب ہے
یاں نور کا نشاں، علم بوتراب ہے
روشن علم سے آئینہ مشرقین ہے
مشرق میں شمس، عکس نشان حسین ہے
طوبا کی شاخ تیشہ قدرت نے کی قلم

اور نور نخل طور بھرا اس میں یک قلم
کی صادقوں کی راستیِ قول اس میں ضم
بے پردہ ہو کے عفو بنی پوشش علم
جب باندھ کر پھریرے کو سیدھا علم کیا
صانع نے پردے میں ید طولا علم کیا
دامن ہے کبریا کا سراپردہ جلال
ماہی مراتب اس سے ہے شاہوں کا پایمال
بپھرا ہوا ہے شیر پھریرے کا بے جدال
شیر فلک کو دیکھ کے ہوتا ہے لال لال
تسخیر غرب و شرق اسے کیا محال ہے
پنجہ ہے آفتاب، تو ناخن ہلال ہے
نور خدا سے قالب خیر الامم بنا
سایہ نبی کا ہو کے مجسم علم بنا
واں ابر چتر فرق نبی بر قدم بنا
یاں پوشش علم وہ سحاب کرم بنا
سب کام بند ہوں، جو پھریرا نہ وا رہے
سچ ہے خدا کے فیض کا چشمہ کھلا رہے
اب رایت زبان سے مضمون علم کروں
اور معنی بلند کا لشکر بہم کروں
مجلس میں ذکر شقہ حال علم کروں

رایت میں سلک نظم کے پرچم کو ضم کروں

مشاقوں کو زیارت رایت ضرور ہے

اس رایت نبی کی درایت ضرور ہے

جب شاہ انبیا کو ہوئی خواہش علم

آئی ندا فلک سے ابھی بھیجتے ہیں ہم

جاری ہوا یہ حکم خداوند محترم

ہاں قدسیو! علم کی درستی کرو بہم

تیار مرے دوست کی خاطر نشاں کرو

یعنی علم کی فکر سے خاطر نشاں کرو

تعقید

مرزا صاحب کے کلام کی ایک خصوصیات تعقید بھی ہے۔ وہ جہاں معنی آفرینی اور دقت پسندی پر زیادہ توجہ کرتے ہیں، کلام میں پیچیدگی پیدا ہو جاتی ہے۔ وہ نہایت دقیق اور بلند مضامین پیدا کرتے ہیں، لیکن مناسب الفاظ ہاتھ نہیں آتے، اس لئے مضمون ایک گورکھ دھندا ہو کر رہ جاتا ہے۔

تلوار کی تعریف

مدنگہ چشم نیام اوج بر آیا

اور صاف ہر اک فرد بشر کو نظر آیا

خط کھینچنے کو کلک دوات ظفر آیا

یا دوڑ کے ظلمت کی گلی سے خضر آیا

واں شور تھا پیدا مہ نو سے مہ نو ہے

یاں غل تھا جدا شمع سے یہ شمع کی لو ہے

آمد کی دھوم

خود ابرِ فلک گرد سواری میں گھرے ہیں
دریا میں عدو ڈوب کے دوزخ میں ترے ہیں
یوں کانپ کے سرداروں کے منہ رن سے پھرے ہیں
بت حرص کے طاقِ دلِ اعدا سے گرے ہیں
رعشہ ہے فقط، ہاتھ نہیں پاؤں نہیں ہے
دہشت کے سبب دھوپ نہیں چھاؤں نہیں ہے

سراپا

معراج پیمبر کی تو روشن ہے حقیقت
یاں دیکھو تہ عرش جبیں چشم کی زینت
اترا ہے نبی کے لئے یہ کاسہ رحمت
ہم صحبت و ہم کاسہ ہیں معبود سے حضرت
اس کاسے میں رتبہ ہے یہ پلکوں کی ثنا کا
اک ہاتھ نبی کا ہے اور اک ہاتھ خدا کا
اب مومنوں کو عالم بالا کی خبر دوں
حل عقدہ مدح سر اقدس کو بھی کر دوں
گردوں کو میں نسبت سر پر نور سے گر دوں
یہ عرش ہو اور عرش بنے رشک سے گردوں
اک قامت احمدؐ ہے اسے فوق جہاں پر

خورشید سے اک نیزہ سوا ہو گا سناں پر

گو غنچہ ہے گوشِ پسر سید خوش خو
قربِ ختن زلف سے پر نافے کی ہے بو
اور حلقہ گیسو کہ ہے اک نافہ آہو
ہے کان کی نکہت سے رگ غنچہ ہر اک مو
نافے کا شرف غنچے کو کاکل نے دیا ہے
اور گوش کے نافے کو یہاں غنچہ کیا ہے
خطِ حسن کی خاطر ہے خزاں کا خط فرماں
یاں حلقہ خطِ حسن کو ہے چشمِ نگہ باں
صرصر سے ہے ایمن یہ چراغ رخ تاباں
عارض کو کیا خط نے چراغ تہ داماں
گلشن ہے غلط اور غلط ابر بہاری
رخ باغ بہاری ہے یہ خط ابر بہاری

ایک اور مرثیے میں فرماتے ہیں،

نامِ جبیں ہے مشرقِ خورشیدِ ہر امید
یاں پھول سرو کو ملیں پھل ہو نصیب بید
ہے صبح صادق اس کی گواہی سے روسپید
مہر قبول کے اثرِ سجدہ سے نوید
اکبر نشان سجدہ جبیں پر دکھاتے ہیں
یا سر نوشت نیر اکبر دکھاتے ہیں

کیا شاہ بیت ابروے اکبر کی ہو ثنا
یکتا مطالعے میں ہے یہ مطلعِ رسا
بیت القصیدہ ہے خم ابروے مصطفا
کیا بیت بحثی ان سے کرے ماہِ نو بھلا
پیش نگہ یہ بیت ہے اٹھارہ سال سے
آتی ہے بوے شیر دہان ہلال سے

تشبیہات و استعارات

مرزا صاحب کے کلام کا خاص جوہر تشبیہات اور استعارات ہیں۔ اس میں شبہ نہیں کہ وہ اپنی دقت آفرینی سے ایسی عجیب اور نادر تشبیہات اور استعارات پیدا کرتے ہیں، جن کی طرف کبھی کسی کا خیال منتقل نہیں ہوا ہوگا لیکن اس زور میں وہ اکثر اس قدر بلند اڑتے ہیں کہ بالکل غائب ہو جاتے ہیں مثلاً،

شمشیر نے جل تھل جو بھرے قاف سے تا قاف
پریاں ہوئیں مرغابیاں، گرداب بنا قاف
چھپنے کے لئے خوف سے اس درجہ گھٹا قاف
جو پیچ میں سیمرغ کی منقار کے تھا قاف
کیا جانے کدھر لے کے خزانہ وہ بہا تھا
قاروں کو عذاب ابدی ڈھونڈھ رہا تھا
تیغ عباس جو دامان زرہ میں تھی نہاں
یا شبستاں میں وہ خوابیدہ تھا مار دوزباں
چمکا وہ ہلال ابروے یوسف کا کنویں سے

یا برق جدا ہو گئی بادل کے دھویں سے

مد نگہ چشم نیام اوج پر آیا
اور صاف ہر اک فرد بشر کو نظر آیا
خط کھینچنے کو کلک دوات ظفر آیا
یا دوڑ کے ظلمت کی گلی سے خضر آیا

گرمی پہ شرر تیغ شر ردم کے جو آئے
جو ہر نے کنویں قعر جہنم کے جھنکائے
تھے مرغ نگہ پردوں میں، پر اس نے جلائے
عنقائے تصور کے کباب اس نے لگائے

ظلمات میں یہ فتح پہ قبضہ کیے پھری
یونس کو جیسے بطن میں مچھلی لیے پھری
چہرے سے بنیِ صفِ لشکر بھی دور کی
بت خانے سے شباہتِ ممبر بھی دور کی

کاف شگاف بن کے درون جگر گئی
مانند میم مرگ میان کمر گئی
لفظ شکم میں دینے کو زیر و زبر گئی
مانند پیش ہر جز و کل سے گزر گئی

رن کی صفوں کا خوف سے ستھراؤ ہو گیا
پانی ہوئے یہ زہرے کے چھڑکاؤ ہو گیا
بنی جبین ولب سے حسینؑ و خلیلؑ ہے

سر پر ہے عرش زیر قدم سلسبیل ہے
نبضیں چھٹیں شرر کی سقر کانپنے لگے
شعلے زباں نکال کے خود ہانپنے لگے
نہیبِ تیغ سے خالی سبھوں کے قالب تھے
پیالہ ہائے فلک روحوں سے لبالب تھے
گیا جو فوق سے تحت الثری کو آب حسام
بنا خزانہ قاروں خرابہ حمام
فلک نے تختہ یوناں رکھا زمیں کا نام
ہوا رطوبت اطراف سے زمیں کو زکام
دماغ خاک پہ نزلہ بہ صد وفور گرا
کیا جو عطسہ تو قاروں نکل کے دور گرا
جوہر میں طرفہ ہیبتِ تیغ دلیر ہے
مچھلی کے جال میں یہ مگر کوئی شیر ہے
بادل کی طرح جوہر شمشیر جو چھائے
سایے نے تڑپ کر دہل رعد بجائے
چار آئینے نے اور ہی صورت دکھائی ہے
پر آئینہ نہیں ہے سند ہم نے پائی ہے
زائل زرہ کی آنکھوں سے جو روشنائی ہے
آنکھوں نے چار چشمے کی عینک لگائی ہے
ڈر ڈر کے آبِ تیغ سے سب کوچ کر گئے

غصے سے ہو کے چیں بہ جبیں کچھ ٹھہر گئے
پُل بن گئے وہ چین جبیں سر اُتر گئے
اک وار میں فرات سے پار ان کے سر گئے
پر ذوالجناح صاف دھویں سے نکل گیا
باروت تھا کہ اڑ کے کنویں سے نکل گیا
تھا طوطیِ خط پشتِ لب لعل پہ گویا
دیکھو کہ دھواں آتشِ یاقوت سے نکلا
تھا چاہ ذقن میں چہ نخشب کا تجلا
اس چاہ کی کشتی نے تو پانی بھی نہ مانگا
جلوے لب و دنداں کے عجب پیش نظر تھے
دروازے پہ یاقوت تھے اور گھر میں گہر تھے
حاشا نہیں تجلی ماہ آسمان پر
مچھلی اچھالتی ہے کلاہ آسمان پر
چشمِ ضیافشاں سے نمود چراغ ہے
پلکیں نہ سمجھو ہالہ دودِ چراغ ہے
پید اکمر سے کہنہ جناب الہ ہے
یہ بال چشمِ ناف کا تارِ نگاہ ہے
تِلی ہے کوہ طور تجلی کبریا
سنتے تھے تل کی اوٹ پہاڑ اب نظر پڑا
جب تک یہ پلکیں دست نگہ میں نہ دیں عصا

موسی کی بھی نگہ نہ ہو اس چشم تک رسا
اک جلوہ دے یہ چشم جسے اپنے نور کا
وہ خاک کے بھی مول نہ لے سرمہ طور کا
سجنے لگا سلاحِ دغا پھر وہ پُر دغا
کی خود نے (؟) خود نمائی سے زیب سر جفا
یاماہ آفتاب کو گویا گہن لگا
یا دارِ قد پہ کفر کا بخت سیر جڑا
اسلام میں جو ڈالے ہیں رخنے یزید نے
ان رخنوں کو کیا زرہ تن پلید نے
پاؤں میں پہنے موزہ گم راہی جہاں
کج فہمی معاویہ کی اس نے لی کماں
اور تیغ ہند ہند جگر خوارہ کی زباں
فردِ سپر تھی نامہ اعمالِ شامیاں
چار آئینہ وہ رنگ بھرا اس پلید کا
دل شمر وشیت وابن زاد ویزید کا
مضمون بندی وخیال آفرینی

میر انیس اور مرزا دبیر میں اصلی مابہ الامتیاز جو چیز ہے وہ خیال بندی اور دقت پسندی ہے اور یہی چیز مرزا صاحب کے تاج کمال کا طرہ ہے۔ اس میں کچھ شبہ نہیں کہ مرزا کی قوت متخیلہ نہایت زبردست ہے۔ وہ اس قدر دور کے استعارات اور تشبیہات ڈھونڈھ کر پیدا کرتے ہیں کہ وہاں تک ان کے حریفوں کا طائر وہم پرواز نہیں کر سکتا۔

راست نما اور دل فریب (لیکن غلط) استدلال جو شاعری کا ایک جزو اعظم ہے، ان کے ہاں نہایت کثرت سے پایا جاتا ہے۔ وہ قوت متخیلہ کے زور سے نئے نئے اور عجیب دعوے کرتے ہیں اور خیالی استدلال سے ثابت کرتے ہیں۔ مبالغے کے مضامین جو پہلے شعرا باندھ چکے تھے اور بہ ظاہر نظر آتا تھا کہ اب اس کی حد ہو چکی، ان کو وہ اس قدر ترقی دیتے ہیں کہ پہلے مبالغے ان کے مقابلے میں ہیچ ہو جاتے ہیں۔

مختصر یہ کہ خیال آفرینی، دقت پسندی، جدت استعارات، اختراع تشبیہات، شاعرانہ استدلال، شدت مبالغہ میں ان کا جواب نہیں، لیکن اس زور کو وہ سنبھال نہیں سکتے، اس وجہ سے کہیں خامی پیدا ہو جاتی ہے، کہیں تعقید اور اغلاق ہو جاتا ہے۔ تشبیہات کہیں پھبتیاں بن جاتی ہیں اور کہیں محض فرضی خیال رہ جاتی ہیں۔ تاہم اس سے انکار نہیں ہو سکتا کہ جہاں ان کا کلام فصاحت و بلاغت کے معیار پر بھی پورا اتر جاتا ہے، نہایت بلند رتبہ ہو جاتا ہے۔ اس موقع پر ہم ان کی ہر قسم کی عمدہ مضمون آفرینی کی متعدد مثالیں نقل کرتے ہیں،

جب اسرنگوں ہوا علم کہکشان شب
خورشید کے نشاں نے مٹایا نشان شب
تیر شہاب سے ہوئی خالی کمان شب
تانی نہ پھر شعاع قمر نے سنان شب
آئی جو صبح زیور جنگی سنوار کے
شب نے زرہ ستاروں کی رکھ دی اتار کے
شمشیر مشرقی جو چڑھی چرخ پر شتاب
پھر تیغ مغربی نے دکھائی نہ آب و تاب

تھا بس کہ گرم خنجرِ بیضائے آفتاب
باقی رہا نہ چشمہ نیلوفری میں آب
محتاج ماہ تاب ہوا آب و تاب کا
باغ جہاں میں پھول کھلا آفتاب کا
تھی جوش خوں کے عارضے میں مبتلا شفق
فُصادِ صبح آیا لیے نشتر و طبق
کھولی شفق کی صبح تو رنگ افق تھا فق
گل رنگ تھا صحیفہ گردوں ورق ورق
خون شفق میں سرخ قضا نے قلم کیا
اور خط و خال روز شہادت رقم کیا

(ایضاً)

پیدا شعاع مہر کی مقراض جب ہوئی
پنہاں درازیِ پرِ طاؤسِ شب ہوئی
اور قطع زلفِ لیلی زہرہ لقب ہوئی
مجنوں صفت قبائے سحر چاک سب ہوئی
فکر رفو تھی چرخ ہنر مند کے لیے
دن چار ٹکڑے ہو گیا پیوند کے لیے
یوسف غریقِ چاہِ سیہ ناگہاں ہوا
یعنی غروب ماہ تجلی نشاں ہوا
یونس دہانِ ماہی شب سے عیاں ہوا

یعنی طلوع نیر مشرق ستاں ہوا
فرعون شب سے معرکہ آرا تھا آفتاب
دن تھا کلیم اور ید بیضا تھا آفتاب
تھی صبح یا کہ چرخ کا جیب دریدہ تھا
یا چہرہ مسیح کا رنگِ پریدہ تھا
خورشید تھا کہ عرش کا اشک چکیدہ تھا
یا فاطمہ کا نالہ گردوں رسیدہ تھا
کہیے نہ مہر، صبح کے سینے پہ داغ تھا
امید اہل بیت کا گھر بے چراغ تھا
نکلا افق سے عابد روشن ضمیر صبح
محرابِ آسماں ہوئی جلوہ پذیر صبح
کھولا سپیدی نے جو مصلائے پیر صبح
ہر سجدہ گاہ بن گیا مہر منیر صبح
کرتی تھی شب غروب کا سجدہ ردود کو
سیارے ہفت عضو بنے تھے سجود کو
ظلمت جہاں جہاں تھی وہاں نور ہو گیا
پھر مشک شب جہان سے کافور ہو گیا
گویا کہ زنگ آئینے سے دور ہو گیا
باطل رسالہ شب دیجور ہو گیا
کیا پختہ روشنائی تھی قدرت کے خامے میں

مضمون تھا آفتاب کا ذروں کے نامے میں

(ایضاً)

گلگونہ شفق جو ملا حور صبح نے
اسپند مشک شب کو کیا نور صبح نے
گرمی دکھائی روشنی طور صبح نے
ٹھنڈے چراغ کر دیے کافور صبح نے
لیلائے شب کی رات کو دولت جو لٹ گئی
افشاں جبیں سے مہر درخشاں کی چھٹ گئی
پیدا ہوا سپیدہ طلعت نشان صبح
سلطان صبح نے کیا قصد اذان صبح
باندھا عمامہ نور کا پہنا کتان صبح
چرخ چہار میں پہ گیا خطبہ خوان صبح
منہ سب کے سوئے قبلہ امید ہو گئے
سر گرم سجدہ عیسی و خورشید ہو گئے
آیا جو تیغ روز لیے شاہ نیم روز
ماہی شکار شیر سوار و جہاں فروز
باندھے کمر میں خنجر بیضائے کینہ سوز
پھر دیو ہفت سر ہوا صید عقاب روز
مہتاب لشکرِ شہ خاور میں گھر گیا
ارہ شعاع کا سر انجم پہ پھر گیا

بڑھ کر نقیب نور پکارا سحر سحر
ذروں میں نور مہر در آیا قمر قمر
فرمان نور بدر کو پہنچا بدر بدر
لوٹا سحر نے معدن شبنم گہر گہر
برقع جو اٹھ گیا تھا رخ آفتاب کا
پردہ تھا فاش صبح ملمع نقاب کا

تلوار

شاخ نیام سے ہوا اس طرح پھل جدا
پیروں کے قد سے جیسے جوانی کا بل جدا
ہستی جدا زمین پہ تڑپی اجل جدا
خنجر جدا فلک پہ گرا اور زحل جدا
غل تھا کہ اب مصالحہ جسم و جاں نہیں
لو تیغ برق دم کا قدم درمیاں نہیں
ڈوبی سپر میں گر کے نئی چال ڈھال سے
پا کھر کے پیچ میں یہ بڑھی سیدھی چال سے
اٹھ کر زرہ میں آئی شکوہ و جلال سے
اک جال میں تڑپ کے گئی ایک جال سے
گزری جو چار آئینے سے منہ کو موڑ کے
غل تھا پری نکل گئی شیشے کو توڑ کے
کاٹا پلک میں آنکھ کو پتلی میں نور کو

پاؤں میں کج روی کو سروں میں غرور کو
سینے میں بغض و کینہ کو دل میں فتور کو
نیت میں معصیت کو طبیعت میں زور کو
ذات اک طرف مٹا دیا بالکل صفات کو
کیسی زباں، زباں میں یہ کاٹ آئی بات کو
سب کے گلوں سے ملتی تھی لیکن رکی ہوئی
جوہر یہ تھا کہ بوجھ سے خود تھی جھکی ہوئی

ولہ

ظرف تنک میں تھی نہ جگہ اس کی آب کی
بندھتی تھی اور کھلتی تھی مٹھی حباب کی
دریائے خوں تھا تیغ سبک رو کی ناؤ پر
پر، یوں رواں تھی جیسے کہ کشتی بہاؤ پر

ولہ

اللہ ری شناور شمشیر آب دار
دکھلا دیے صفائی کے سب ہاتھ ایک بار
تیرا وہ جوئے زخم میں گہ وار گاہ پار
جوہر کا ایک بال بھی ڈوبا نہ زینہار
اک وجد حر کو بھی یہ صفا دیکھ کر ہوا
ہاتھ اک طرف نہ تیغ کا ناخن بھی تر ہوا
جس مورچے میں لیلیٰ تیغ دو سر گئی

چنگے بھلوں کو سایے سے دیوانہ کر گئی
ہر صف نے خاک اڑائی ادھر سے ادھر گئی
پھر یہ نہانہا کے لہو میں نکھر گئی
عالم نہ پوچھو قطرہ فشانی کے حسن کا
جوبن ٹپک رہا تھا جوانی کے حسن کا
آگے کبھی بڑھی کبھی پیچھے کو پھر پڑی
سرپر جو لڑکھڑائی تو شانے پہ گر پڑی

ولہ

اٹھی گری بلند ہوئی پست ہوگئی
پی پی کے مے کشوں کا لہو مست ہوگئی

ولہ

نیزے تنے تو اس نے کہا دیکھے بھالے ہیں
بجتی نہ خنجروں سے کہ گودی کے پالے ہیں
برسے جو تیر سمجھی کمانوں کے نالے ہیں
چمکے جو گرز بولی یہ منہ کے نوالے ہیں
ننگ اپنا جان کر نہ کسی سے بگڑتی تھی
ہر پھر کے آپ اپنی طبیعت سے لڑتی تھی
بے جرم معرکے میں وہ خار اشگاف تھی
لشکر کا خوں کیا تھا مگر پاک وصاف تھی

ولہ

قبضہ تو رہا دست جناب شہ دیں میں
پھل جا کے لگا شاخ سرِ گا دِ زمیں میں

ولہ

اس قہر مجسم پہ اجل نے جو نظر کی
مجرا تو فقط کر لیا اور پیچھے کو سر کی
غصے سے چڑھی بھوں جو ادھر تیغ دو سر کی
پھرنے لگی پتلی سپر فوج عمر کی
باقی تھا نہ دم خوف سے تیغیں یہ گھٹی تھیں
تیغیں نہ کہو نبضیں نیاموں کی چھٹی تھیں

ولہ

خود رفتہ تھا ہر تیر پہ رفتار نئی تھی
انگڑائی کا لینا بھی کمال بھول گئی تھی

ولہ

تھی راست گو وہ تیغ یہ روشن جہاں پہ تھا
جتنا لہو پیا تھا وہ جاری زباں پہ تھا

ولہ

کٹتے تھے سر نہ تیغ امام عراق سے
بت گر رہے تھے خاک پہ کعبے کے طاق سے

ولہ

سر کو نہ وصل تیغ سے اصلاً دریغ تھا

کیا سب کی سرنوشت میں مصراعِ تیغ تھا

ولہ

رک رک کے قدم رکھتی تھی ہر سرپہ ادب سے
جھک جھک کے مثال شرفا ملتی تھی سب سے

ولہ

جوہر کے نگہ بانوں کو بیدار جو پایا
زخموں نے بھی اس تیغ کا پانی نہ چرایا

ولہ

ہوتی تھیں صفیں آب دم تیغ سے بے دم
پانی جو کھڑے ہو کے پیو ہوتا ہے سن کم
حل کرتی تھی ہر مسئلہ تیغ شہ عالم
ہے خون نجس اس میں یہ آلودہ تھی ہر دم
پر اس پہ نجاست کا گماں ہو نہیں سکتا
یعنی کہ نجس آب رواں ہو نہیں سکتا
اللہ رے دماغ اس کا کسی سرپہ نہ بیٹھی
سر ایک طرف گنبد مغفر پہ نہ بیٹھی
(کذا)
بالائے سپر پھولوں کے بستر پہ نہ بیٹھی
یہ بیٹھنا کب تھا ادھر آئی ادھر آئی
جس سرپہ رکھا پاؤں زمیں پر اتر آئی

اسی طرح گھوڑے کی سرعت، فوج کی ہل چل، آمد کی دھوم وغیرہ وغیرہ مضامین میں سیکڑوں، ہزاروں نئی تشبیہیں، استعارات اور باریکیاں پیدا کی ہیں۔ ہم نے اس خیال سے صرف نمونے پر اکتفا کیا کہ جو شخص ایک تلوار کے متعلق اس قدر بے شمار مضامین کا مینہ برسا سکتا ہے اس کی قوت متخیلہ کی کیا حد ہو سکتی ہے۔

بلاغت

یہ وہ چیز ہے جہاں انیس اور دبیر کی شاعری کی سرحدی بالکل الگ ہو جاتی ہیں۔ مرزا صاحب کی شاعری میں بالفرض گو اور تمام اوصاف پائے جاتے ہوں، لیکن بلاغت کا تو شائبہ بھی نہیں پایا جاتا۔ تم اوپر پڑھ آئے ہو کہ ہر چیز کی بلاغت الگ ہے۔ مضمون کی الگ، قصے کی الگ، قصیدے کی الگ، شعر کی الگ، لیکن مرزا صاحب کے کسی قسم کے کلام میں یہ وصف پایا نہیں جاتا۔ وہ اگر کسی واقعے کا خاکہ تیار کرتے ہیں تو اس قسم کی باتیں بیان کرتے ہیں جو خود شہادت دیتی ہیں کہ واقعہ وجود میں نہیں آسکتا تھا۔ نوحہ و غم، فخر و ادعا، طنز و تشنیع، ہجو و بدگوئی، سوال وجواب، گلہ وشکایت، غرض کسی مضمون کو وہ متقضائے حال کے موافق نہیں لکھ سکتے۔ ہم چند مثالیں نمونے کے طور پر لکھتے ہیں۔

مثال (۱)

ایک مرثیے میں حضرت امام حسین علیہ السلام کی شہادت پر حضرت شہر بانو کا جو نوحہ لکھا ہے اس میں لکھتے ہیں،

تم جانو جہاں سے شہ عالی کو لے آؤ

اکبر سے میں گزری مرے والی کو لے آؤ

"تم جانو جہاں سے۔" اس محاورے کے ابتذال سے قطع نظر کر کے یہ امر کس قدر خلاف متقضائے حال کے ہے کہ کوئی شریف عورت یہ کہے کہ میں اپنے بیٹے سے

در گزری، میرے شوہر کو جہاں سے ممکن ہو پیدا کرو۔

مثال (۲)

ناگہاں بالی سکینہ نے مچل کر یہ کہا
میرے کرتے کا گریباں بھی کرو چاک چچا
خوب ملبوس یہ ہے پہنیں گے ہم بھی ایسا
روٹھ جاؤں گی نہ مانو گے جو میرا کہنا
آپ جب خیمے میں آئیں گے تو چھپ جاؤں گی
پھر مجھے گود میں لوگے تو نہ میں آؤں گی
روئے نادان کی تقریر پہ عباس کمال
اور کہا دل سے کہ اس کا بھی کرو ردنہ سوال
بے پدر ہو گی کوئی آن میں یہ نیک خصال
چاک اس کا بھی گریباں کیا باحزن و ملال
پیار جو آ گیا بنت شہ دیں کے اوپر
بوسے دے دے کے ملی خاک جبیں کے اوپر

واقعہ یہ باندھا ہے کہ حضرت عباس جب میدان میں جانے لگے تو اپنے بیٹے کا گریبان چاک کر دیا کہ یتیمی کی علامت ہے۔ یہ دیکھ کر سکینہ (حضرت امام حسین علیہ السلام کی صاحب زادی) نے کہا کہ میرے کرتے کا گریبان بھی چاک کر دو، مجھ کو بھی یہ وضع اچھی معلوم ہوتی ہے۔ حضرت عباس نے اس خیال سے کہ آخر حضرت امام حسین بھی کچھ دیر میں شہید ہوں گے اور حضرت سکینہ بھی یتیم ہو جائیں گی، اس لئے ان کا گریبان بھی چاک کر دیا۔ حضرت عباس کو امام علیہ السلام سے جو عشقیہ محبت تھی اور جس

کا اظہار ہر جگہ مرزا صاحب نے بھی کیا ہے، اس کے لحاظ سے یہ امر نہایت خلاف عقل اور خلاف عادت ہے کہ وہ حضرت امام حسین کو قبل از وقت شہید فرض کرلیں اور اس بنا پر ان کے بچے کو یتیم فرض کرکے اس کا گریبان چاک کردیں۔

مثال (۳)

یہ کہتی تھی کہ آئی قریں بنت مرتضا
تسلیم کرکے بانو نے سر کو جھکالیا
زینب پکاری بیٹھو ادب میرا ہو چکا
جس کی نہ بات پوچھیے تعظیم اس کی کیا
سب جانتے ہیں بنت جناب امیر ہوں
گھر میں تمہارے رہتی ہوں اس سے حقیر ہوں

حضرت زینب کو اس بات کی شکایت ہے کہ علی اکبر کو شہر بانو نے میری بغیر اطلاع کے لڑائی میں جانے کی کیوں اجازت دی۔ اس بنا پر وہ حضرت شہر بانو سے کہتی ہیں کہ جب میری بات نہیں پوچھی جاتی تو تعظیم سے کیا فائدہ۔ لیکن اس مقصد کے اظہار کے لئے مرزا صاحب نے جو طریقہ اختیار کیا وہ کس قدر سفیہانہ اور عامیانہ ہے۔ یہ خیال کہ چونکہ میں اپنا گھر چھوڑ کر تمہارے گھر میں رہتی ہوں، اس لئے تم لوگ مجھ کو حقیر سمجھتے ہو، نہایت پست اور مبتذل خیال ہے جو ہرگز حضرت زینب کی متانت اور وقار کے شایاں نہیں۔

مثال (۴)

محبوب ہوں خدائے ذوی الاحترام کا
نانا ہوں میں حسین علیہ السلام کا

یہ شعر جناب رسول خدا کی زبان سے ادا کیا ہے، لیکن مرزا صاحب کو یہ خیال نہیں رہا کہ کیا آں حضرت بھی امام حسین علیہ السلام کا نام، علیہ السلام کہہ کر لیتے تھے!

مثال (۵)

یہ بات سن کے بنڑی نے گھونگھٹ الٹ دیا
عباس کو حسین کو اکبر کو دی صدا
صدقے میں تم پہ، یاں سے سرک جاؤ ذرا
تم سب کے آگے روتے ہوئے آئے گی حیا
ماتم کا ہے ہجوم دل پاش پاش پر
جی بھر کے رولے یہ بنے قاسم کی لاش پر
سر کے وہاں سے اکبر و عباس و شاہ دیں
لاشے کے گرد پھرنے لگی وہ دلہن حزیں
زینب سے پوچھنے یہ لگی پھر وہ مہ جبیں
اب اختیار دل پہ مرے مطلقاً نہیں
نوشاہ ایک رات کے جو قتل ہوتے ہیں
بتلاؤ اے پھوپھی! انہیں کیا کہہ کے روتے ہیں

یہ ملحوظ رکھنا چاہئے کہ مرزا صاحب اور دیگر تمام مرثیہ گویوں نے اہل حرم کی عادات اور مراسم، ہندوستان کے شرفا کی مستورات کے مطابق فرض کیے ہیں۔ چنانچہ عروسی، شادی اور میت کے متعلق جس قسم کے مراسم وعادات یہاں ہیں وہی تمام مرثیوں میں مذکور ہیں۔ اس بنا پر حضرت کبری کا اپنے باپ، چچا اور بھائی سے یہ کہنا کہ تم لوگ یہاں سے سرک جاؤ، میں اپنے شوہر پر نوحہ کرنا چاہتی ہوں، کس قدر بے حجابی اور

بے شرمی ہے۔ طرہ یہ کہ یہ بھی کہتی ہیں کہ تم سب کے آگے روتے ہوئے شرم آئے گی، لیکن یہ کہتے ہوئے شرم نہ آئی۔ مرزا صاحب نے اسی واقعے کو ایک اور مرثیے میں لکھاہے اور وہاں تو حد کر دی ہے، فرماتے ہیں،

ناگاہ شہ نے لاش اٹھائی بہ صد بکا
کبری نے ہاتھ باندھ کے تب شاہ سے کہا
ہم کچھ کہیں جو مانیے اے شاہ کربلا
احسان ہو گا لاش کو رکھ دیجئے ذرا
بالیں پہ پلٹیں سر پہ ذرا خاک ڈال لیں
ہم بھی کچھ اپنے دل کی تمنا نکال لیں

میر انیس نے اسی واقعہ کو کس خوبی سے ادا کیاہے،

رو کر بہن سے کہنے لگے شاہ بحر و بر
اس بے نصیب رانڈ کو لے آؤ لاش پر
بیٹی لٹے گی یوں ہمیں اس کی نہ تھی خبر
اب شرم کیاہے دیکھ لے دولہا کو اک نظر
زخمی بھی ہے شہید بھی ہے بے پدر بھی ہے
دولہاہے نام کو بھی چچا کا پسر بھی ہے

اس بلاغت کو دیکھو کہ چونکہ حضرت امام حسین کا بھی یہ کہنا کہ اب شرم کیاہے، دولہا کو دیکھ لے، ایک گونہ رسمی حیا کے خلاف تھا، اس لئے ان کی زبان سے یہ الفاظ ادا کیے کہ وہ برائے نام دولہاہے ورنہ چچا کا بیٹا اور بھائی ہے۔

حضرت یہ کہہ کے ہٹ گئے باچشم اشک بار

پیٹی یہ سر کہ غش ہوئی بانوے دل فگار
چادر سپید اڑھا کے دلہن کو بہ حال زار
گودی میں لائی زینب غمگین و سوگوار
چلائی ماں یہ گر کے تن پاش پاش پر
قاسم بنے اٹھو، دلہن آئی ہے لاش پر
ہے ہے بنے قاسم کا ہوا شور جو در پر
بانو نے کہا، لٹ گئی لوگو مری دختر
فرزند کے لاشے سے لپٹنے لگی مادر
سر پیٹتی دوڑی شہ مظلوم کی خواہر
پھر کون رہے بنت علی جب نکل آئے
خیمے میں دلہن رہ گئی اور سب نکل آئے

مثال (٦)

کہا سجاد سے کبریٰ نے یہ اس دم رو رو
بھائی صاحب! مرے دولہا کو ابھی دفن کرو
تا مجاور میں بنوں کھول کے اپنے سر کو
کہا کبریٰ سے یہ سجاد حزیں نے کہ چلو
ٹکڑے لاشوں کے بہم بادل غمناک کریں
قاسم ابن حسن کو بھی تہ خاک کریں

ایک رات کی بیاہی ہوئی عورت کا اپنے بھائی سے یہ کہنا کہ میرے دولہا کو ابھی دفن کرو، کس قدر خلاف عادت ہے۔

مثال (۷)

حضرت سکینہ کو قید خانے میں غش آگیا ہے۔ ان کی ماں حضرت شہر بانو کو خیال ہوا کہ مر گئیں، انہوں نے نوحہ شروع کیا۔ حضرت زینب ان کو سمجھاتی ہیں، اس واقعہ کو مرزا صاحب اس طرح ادا کرتے ہیں،

زینب نے رو کے بانوے مغموم سے کہا
بے آس ہو نہ بھابھی، غش میں یہ مہ لقا
اور مر گئی تو خیر جو اللہ کی رضا
اب اس کے رفع غش کی یہ اس وقت ہے دوا
ہے عاشق حسین یہ پیاری حسین کی
اب غل کرو کہ آئی سواری حسین کی

تسکین اور تسلی دینے میں یہ کہنا کہ "خیر مر گئی تو کیا کرو گی، جو اللہ کی رضا۔" کس قدر ناموزوں ہے اور خلاف آدمیت ہے۔ یہاں ہم نے اجمالاً صرف چند مثالیں لکھ دیں۔ اس کے بعد متحد المضمون مرثیوں کا جو عنوان ہے، اس سے تفصیلاً معلوم ہو گا کہ مرزا صاحب بلاغت کی راہوں سے کس قدر نا آشنا ہیں۔

میر انیس اور مرزا دبیر کے متحد المضمون مرثیے

میر انیس اور مرزا دبیر کے موازنے کا صحیح تر اور آسان طریقہ یہ ہے کہ دونوں صاحبوں کے ہم مضمون مرثیوں کا مقابلہ کیا جائے۔ چونکہ مرثیے کا موضوع صرف چند معین واقعات ہیں، اس لئے اگرچہ دونوں صاحبوں کا انداز شاعری بالکل الگ الگ ہے، تاہم واقعات اور مضامین میں ہر جگہ اشتراک پیدا ہو جاتا ہے۔ اس کے ساتھ یہ بھی نظر آتا ہے کہ دونوں حریفوں نے اکثر مرثیے اور بند اور متفرق اشعار ایک دوسرے کے

مقابلے میں لکھے ہیں۔ یہاں تک کہ بعض بعض بندوں میں مضمون، ردیف اور قافیے تک مشترک ہیں۔ افسوس ہے کہ ان موقعوں پر یہ پتا نہ چل سکا کہ ابتدا کس نے کی اور جواب کس نے لکھا، تاہم بعض بعض قرائن سے (جیسا کہ ہم دیباچے میں لکھ آئے ہیں) ثابت ہوتا ہے کہ مرزا دبیر صاحب زیادہ تر مقابلے کا قصد کرتے تھے۔ مثلاً ایک مرثیے میں میر انیس نے فخریہ کے ساتھ زمانے کی ناقدری کی شکایت کی تھی، اس کے ایک بند کی ٹیپ یہ ہے،

عالم ہے مکدر کوئی دل صاف نہیں ہے
اس عہد میں سب کچھ ہے پر انصاف نہیں ہے

اسی بحر میں مرزا صاحب کا بھی مرثیہ ہے، اس میں بھی فخریہ ہے اور ایک بند کی ٹیپ یہ ہے،

دل صاف ہو کس طرح کہ انصاف نہیں ہے
انصاف ہو کس طرح کہ دل صاف نہیں ہے

دونوں شعروں کو دیکھ کر ہر شخص فیصلہ کر سکتا ہے کہ کس نے کس کا جواب لکھا ہے۔

میر انیس اکثر شعروں میں مرزا دبیر پر سرقے اور خوشہ چینی کی چوٹ کرتے ہیں، مثلاً،

لگا رہا ہوں مضامین نو کے پھر انبار
خبر کرو مرے خرمن کے خوشہ چینوں کو

پیاسو! سبیل ہے نذر حسین کی
ممکن نہیں دزدان معانی سے نجات

سچ ہے کہ مگس سے کب شکر بچتی ہے
بھلا تر د د بے جا سے اس میں کیا حاصل
اٹھا چکے ہیں زمیں دار جن زمینوں کو
نو اسنجیوں نے تری اے انیس
ہر اک زاغ کو خوش بیاں کر دیا
مضمون انیس کا نہ چربا اترا

لیکن مرزا دبیر نے میر انیس پر کہیں سرقے کی تعریض نہیں کی ہے، بلکہ صرف اپنی برائت ظاہر کی ہے، مثلاً،

واللہ بری ہوں سرقہ مضمون غیر سے
ہے استفادہ مجھ کو احادیث وسیر سے
شکر خدا کے سرقے کی حد سے بعید ہوں
ہر مرثیے میں موجد طرز جدید ہوں

بہر حال، کم سے کم ہم کو یہ فرض کر کے دونوں میں سے کوئی سرقے کا مجرم نہیں، صرف یہ دیکھنا چاہئے کہ اس مضمون کو کس نے خوبی سے ادا کیا ہے۔ چنانچہ ہم دونوں کے متحد المضمون مرثیے اور اشعار ذیل میں درج کرتے ہیں،

پردے کا اہتمام

انیس،

بیت الشرف خاص سے نکلے شہ ابرار
روتے ہوئے ڈیوڑھی پہ گئے عترت اطہار
فراشوں کو عباس پکارے یہ بہ تکرار

پردے کی قناتوں سے خبردار خبردار!
باہر حرم آتے ہیں رسول دوسرا کے
شقہ کوئی جھک جائے نہ جھونکوں سے ہوا کے
لڑکا بھی جو کوٹھے پہ چڑھا ہو وہ اتر جائے
آتا ہو ادھر جو وہ اسی جا پہ ٹھہر جائے
ناقے پہ بھی کوئی نہ برابر سے گزر جائے
دیتے رہو آواز جہاں تک نظر جائے
مریم سے سوا حق نے شرف ان کو دیے ہیں
افلاک پہ آنکھوں کو ملک بند کیے ہیں

دبیر،

درباں عصا اٹھا کے بڑھے جانب یسار
دہنی طرف نقیب گئے باندھ کر قطار
آآ کے در پہ لونڈیاں چلائیں بار بار
آئے ادھر نہ اب نہ کوئی جائے ہوشیار!
آواز غیر سن کے وہ اندیشہ کرتی ہے
آہستہ بولو دختر زہرا اترتی ہے
عفت کے جتنے مرتبے خیر النسا نے پائے
وہ ماں کے بعد دختر مشکل کشا نے پائے
ہاں ہاں مسافرو نہ کوئی غل مچانے پائے
ناقے پہ بیٹھ کر نہ ادھر کوئی آنے پائے

حسن ادب یہی ہے کہ حق کو پسند ہو
وہ بیٹھ جائے جس کا کہ قامت بلند ہو

دونوں بزرگوں نے عورتوں کے پردے کے اہتمام کا سماں باندھا ہے لیکن میر صاحب نے اس مضمون کو اس فصاحت و بلاغت سے ادا کیا ہے اور اس طرح واقعے کی تصویر کھینچ دی ہے کہ اس کے سامنے مرزا صاحب کے اشعار کا پیش کرنا بھی، میر صاحب کی ناقدردانی ہے۔ روانی، شستگی، خوبی محاورہ، چستی بندش کے علاوہ بلاغت کے نکتوں پر لحاظ کرو، میر صاحب نے پردے کے اہتمام اور لوگوں کے ہٹانے اور روکنے کو حضرت عباس کی طرف منسوب کیا ہے جس سے حضرت زینب کی عظمت و شان کے اظہار کے علاوہ اصلی واقعے کی مطابقت ہوتی ہے، کیونکہ تمام معزز خاندانوں میں پردے کا اہتمام، خود خاندان کے ممبر کیا کرتے ہیں۔ بہ خلاف اس کے مرزا صاحب نے یہ کام بالکل دربانوں، نقیبوں اور لونڈیوں کے سپرد کر دیا ہے، جس سے بہ ظاہر مفہوم ہوتا ہے کہ یا تو گھر میں کوئی مرد تھا ہی نہیں، یا تھا تو اس کو عورتوں کی چنداں پروانہ تھی۔ پردے کے اہتمام میں نقیبوں کا کیا کام ہے؟ لونڈیوں کے غل مچانے سے ثابت ہوتا ہے کہ ادب و شائستگی نہیں پائی جاتی۔ ذیل کے یہ دونوں مصرعے بالکل ہم مضمون ہیں، لیکن دونوں میں زمین و آسمان کا فرق ہے،

انیس، ناقے پہ بھی کوئی نہ برابر سے گزر جائے
دبیر، ناقے پہ بیٹھ کر نہ ادھر کوئی آنے پائے

صغری کی آزردگی

دبیر،

صغری نے کہا صاحبو! کیا کرتے ہو گفتار

اک بات پکڑلی کہ یہ بیمار ہے بیمار
شاید کہ سفر ہی میں شفا دے مجھے غفار
یاں کون خبر لے گا مری یہ درو دیوار!
اتنی بھی تو طاقت نہیں جو اٹھ کے کھڑی ہوں
اے لوگو! میں کیا آپ سے بیمار پڑی ہوں

واقعہ یہ ہے کہ حضرت امام حسین علیہ السلام تمام اہل حرم کو ساتھ لیے جاتے ہیں لیکن حضرت صغریٰ کو بیمار ہونے کی وجہ سے چھوڑے جاتے ہیں، اس پر وہ گریہ وزاری کرتی ہیں۔ حضرت امام حسین اور گھر کی عورتیں سمجھاتی ہیں کہ تم بیمار ہو، سفر کے مصائب برداشت نہیں کر سکتی ہو۔ صغریٰ جواب دیتی ہیں۔ اسی مضمون کو میر انیس صاحب ادا کرتے ہیں،

کیا خلق میں لوگو! کوئی ہوتا نہیں بیمار
ہے کون سی تقصیر کہ سب ہو گئے بے زار
زندہ ہوں پہ مردے کی طرح ہو گئی دشوار
کیوں بھاگتے ہیں سب مجھے ہے کون سا آزار
حیرت میں ہوں باعث مجھے کھلتا نہیں اس کا
وہ آنکھ چرا لیتا ہے منہ تکتی ہوں جس کا

مرزا صاحب نے بھی عمدگی سے اس واقعہ کو ادا کیا ہے، لیکن میر صاحب کے طرز بیان میں جو حسرت، رنج اور بے کسی ہے وہ مرزا صاحب کے ہاں نہیں۔ "اک بات پکڑ لی" عامیانہ اور سوقیانہ طرز گفتگو ہے۔ ٹیپ کے دونوں مصرعوں میں کوئی ربط نہیں، اور یہ کہنا کہ مجھ کو اٹھنے کی بھی طاقت نہیں، صغریٰ کی خواہش پر ناکامی کا اثر پیدا کرتا ہے، کیونکہ

جب اٹھنے کی طاقت نہیں تو وہ سفر کیوں کر کر سکتی ہیں۔ اسی بنا پر میر انیس نے جہاں یہ واقعہ باندھا ہے، صغری کی زبان سے یہ کہا ہے،

قربان گئی اب تو بہت کم ہے نقاہت
تپ کی بھی ہے شدت میں کئی روز سے خفت
بستر سے میں خود اٹھ کے ٹہلتی بھی ہوں حضرت!
پانی کی بھی خواہش ہے غذا کی بھی ہے رغبت
حضرت کی دعا سے مجھے صحت کا یقیں ہے
اب تو مرے منہ کا بھی مزہ تلخ نہیں ہے

دیکھو حضرت صغری کس کس طرح سے بیماری کی تخفیف اور قریب الصحت ہونے کو ثابت کرتی ہیں۔

اصغر سے خطاب

دبیر،

پردے کو اٹھا کر یہ کہا بانو نے رو رو
صدقے گئی فال ایسی تو منہ سے نہ نکالو
سب جیتے ہیں بے کس نہ ابھی آپ کو سمجھو
شبیر ہو دنیا ہو ترا کنبہ ہو تو ہو
کب میں نے کہا یہ، نہیں اصغر ہے تمہارا
لو شوق سے دیکھو، یہ برادر ہے تمہارا
پھر ہاتھوں پہ اصغر کو رکھا، کر کے یہ زاری
لٹکا دیے ہاتھ اس نے ہمک کر کئی باری

ماں نے کہالو گود میں یہ آتے ہیں داری
اصغر کی طرف ہاتھ اٹھا کر وہ پکاری
پھر جیتی ملوں یا نہ ملوں تجھ سے بلا لوں
آ چھوٹے مسافر، تجھے چھاتی سے لگا لوں

صغرا کا رخصت کے وقت علی اور اصغر کو حسرت اور پیار سے دیکھنا نہایت درد انگیز سماں ہے اور اکثر مرثیوں میں یہ سماں نہایت مؤثر طریقے سے دکھایا جاتا ہے لیکن مرزا صاحب ایسے درد انگیز واقعے کو بھی تاثیر کا رنگ نہ دے سکے۔ دیکھو میر صاحب اسی بات کو کس لہجے سے ادا کرتے ہیں۔

ماں بولی یہ کیا کہتی ہے صغرا! ترے قرباں
گھبرا کے نہ اب تن سے نکل جائے مری جاں
بے کس مری بچی! ترا اللہ نگہ باں
صحت ہو تجھے، میری دعا ہے یہی ہر آں
کیا بھائی جدا بہنوں سے ہوتے نہیں بیٹا!
کنبے کے لیے جان کو کھوتے نہیں بیٹا!
میں صدقے گئی بس نہ کرو گریہ وزاری
اصغر مرا روتا ہے صدا سن کے تمہاری
وہ کانپتے ہاتھوں کو اٹھا کر یہ پکاری
آ آمرے ننھے سے مسافر! ترے واری
چھٹتی ہے یہ بیمار بہن، جان گئے تم
اصغر! مری آواز کو پہچان گئے تم

تم جاتے ہو اور ساتھ بہن جا نہیں سکتی
تپ ہے تمہیں چھاتی سے بھی لپٹا نہیں سکتی
جو دل میں ہے لب پر وہ سخن لا نہیں سکتی
رکھ لوں تمہیں اماں کو بھی سمجھا نہیں سکتی
بے کس ہوں مرا کوئی مدد گار نہیں ہے
تم ہو سو تمہیں طاقت گفتار نہیں ہے

اس واقعے کا نہایت درد انگیز پہلو، صغری کا خود اصغر سے مخاطب ہونا اور جوش محبت میں چھ مہینے کے بچے سے اپنا درد دل کہنا تھا۔ مرزا صاحب صرف یہ کہہ کر رہ گئے، آ چھوٹے مسافر! تجھے چھاتی سے لگا لوں۔ میر صاحب نے پورا درد دل کہا اور کس مؤثر طریقے سے کہا۔ مرزا صاحب کا یہ مصرع،

اصغر کی طرف ہاتھ اٹھا کر وہ پکاری

دبیر صاحب کے اس مصرع کے جواب میں ہے، وہ کانپتے ہاتھوں کو اٹھا کر یہ پکاری۔ لیکن دونوں میں کوئی نسبت نہیں۔ میر صاحب کے ہاں ہاتھ کے ساتھ کانپنے کی قید نے کس قدر بلاغت پیدا کر دی ہے۔ ذیل کے ان دونوں مصرعوں میں بھی زمین آسمان کا فرق ہے،

آ آمرے ننھے سے مسافر! ترے واری
آ چھوٹے مسافر! تجھے چھاتی سے لگا لوں

"چھوٹا مسافر" مرزا صاحب کا ایجاد ہے۔

اعلیٰ و ادنی کا مقابلہ

کچھ خار مغیلاں گل تر ہو نہیں جاتا

قلعی سے کچھ آئینہ قمر ہو نہیں جاتا
ہر قطرہ ناچیز گہر ہو نہیں جاتا
مس پر جو ملمع ہو تو زر ہو نہیں جاتا
جس پاس عصا ہو، اسے موسی نہیں کہتے
ہر ہاتھ کو عاقل ید بیضا نہیں کہتے

میر انیس کا یہ مشہور بند ہے۔ مرزا صاحب نے اس کے جواب میں بڑی کوشش کی، مختلف بحریں اختیار کیں۔ بہت سی نئی نئی تشبیہیں ڈھونڈھیں، لیکن وہ بات پیدا نہ ہو سکی۔ مرزا صاحب فرماتے ہیں،

احکام یزید اور ہیں اور اپنے امور اور
باطل کا نمود اور ہے اور حق کا ظہور اور
نمرود کی آگ اور ہے اور آتش طور اور
زنبور کا غل اور ہے الحان زبور اور
سمجھو تو سہی تم کہ بشر کیا ہے ملک کیا
بت کیا ہے، خدا کیا ہے، زمیں کیا ہے، فلک کیا
ساماں سے کوئی صاحب ایماں نہیں ہوتا
ہر اہل عصا موسی عمراں نہیں ہوتا
پہنے جو انگوٹھی وہ سلیماں نہیں ہوتا
آئینہ گر اسکندر دوراں نہیں ہوتا
لاکھ اوج ہو پشے کا ہما ہو نہیں جاتا
بت سجدہ کافر سے خدا ہو نہیں جاتا

یہ تشبیہات کافی نہ ہوئیں تو ایک اور مرثیے میں بہت سی تشبیہیں جمع کیں،

ہر سبز پوش خضر نہیں عز و جاہ میں
سر سبز حیدری ہیں جناب الہ میں
یوسف نہ ہو گا لاکھ گرے کوئی چاہ میں
دن رات کا ہے فرق سفید و سیاہ میں
کوئی یتیم فاطمہ سا خوش گہر نہیں
ہر اک یتیم در یتیم اے عمر نہیں
چاہے زرہ بنا کے جو داؤد کا وقار
واللہ جعل ساز ہے کیا اس کا اعتبار
ہر بخیہ گر نہ ہو کبھی ادریس نام دار
ہر ناخدا کو نوح کہے گا نہ ہوشیار
کیا جاہلوں کے عیش کا سامان ہو گیا
بیٹھا جو تخت پر وہ سلیمان ہو گیا

حر کا واقعہ

حر پہلے یزید کی طرف تھا، لیکن خدا نے ہدایت دی اور معرکہ جنگ شروع ہونے سے پہلے، وہ حضرت امام حسین علیہ السلام کی فوج میں چلا آیا۔ اس کا آنا، معافی کا خواستگار ہونا، لڑنے کی اجازت طلب کرنا، زخمی ہو کر گرنا، امام علیہ السلام کا اس کے پاس جانا، اس کا انتقال کرنا، یہ واقعات اکثر مرثیوں میں دونوں نے لکھے ہیں، لیکن ایک مرثیے میں بحر اور قافیے تک مشترک ہیں۔ ان دونوں مرثیوں کے مقابلہ کرنے سے دونوں حریفوں کے مدارج کا پورا اندازہ ہو جاتا ہے۔

مرزا دبیر،

کہہ کہ یہ گھوڑوں پہ غازی ہوئے دونوں سوار
پہنچے نزدیک شہ دیں تو پکارا احرار
اور چلے شاہ کی جانب کو بڑھا کر رہوار
بخش دے جرم شہنشاہ نجف کے دل دار
روئے الطاف کو ہم سے نہ پھرانا آقا!
نہیں اس در کے سوا کوئی ٹھکانا آقا!

میر انیس،

ذکر یہ تھا کہ صدا دور سے آئی اک بار
مجرم ایسا ہوں کہ عصیاں کا نہیں جس کے شمار
الغیاث اے جگر و جان رسول مختار
عفو کر عفو کر، اے چشمہ فیض غفار
پار دریائے خطا سے مری کشتی ہو جائے
دوزخی بھی ترے صدقے میں بہشتی ہو جائے

مرزا دبیر،

واسطہ احمد و زہرا و حسن کا اے شاہ!
بخش دو، عفو کرو، بندہ عاصی کا گناہ
نذر سر لایا ہوں مقبول ہو اے عرش پناہ
اور بتاؤ مرے بیٹے کو بھی فردوس کی راہ
حر عوض آپ کے مقتول جفا ہوئے گا

اور اکبر پہ مرا لال فدا ہوئے گا

میر انیس،

کئی روزوں سے تلاطم میں ہوں اے شاہنشاہ!
مدد اے نوح غریباں میرا بیڑا ہے تباہ
دست و پا گم ہیں کچھ ایسے کہ نہیں سوجھتی راہ
شور کرتا ہوں کہ بتلائے کوئی جائے پناہ
"ابر رحمت کی طرف جا" یہ صدا دیتے ہیں
سب ترے دامن دولت کا پتا دیتے ہیں

مرزا دبیر،

پیشوائی کو چلے حر کی شہنشاہ زمن
ہاتھ کھولے پسر عقدہ کشا نے فوراً
کانپ کر پائے مبارک پہ جھکا سر افگن
سر اٹھا کر کیا سرور نے یہ بھائی سے سخن
گو سر حر پہ ہے خالق کے کرم کا سایہ
آن کر تم بھی کرو اس پہ علم کا سایہ

انیس،

استغاثہ یہ کیا حر نے جو بادیدہ نم
جوش میں آگیا اللہ کا دریائے کرم
خود بڑھے ہاتھوں کو پھیلا کے شہنشاہ امم
حر کو یہ ہاتف غیبی نے صدا دی اس دم

شکر کر سبط رسول الثقلین آتے ہیں
اے برادر! ترے لینے کو حسین آتے ہیں
حر نے دیکھا کہ چلے آتے ہیں پیدل شبیر
دوڑ کر چوم لیے پائے شہ عرش سریر
شہ نے چھاتی سے لگا کر کہا اے باتوقیر
میں نے بخشی مرے اللہ نے بخشی تقصیر
میں رضامند ہوں کس واسطے مضطر ہے تو
مجھ کو عباس دلاور کے برابر ہے تو

دبیر،

حر نے فرزند پیمبر سے یہ اس وقت کہا
سایہ دامن رایت تو ہے ظل طوبا
آپ کی بندہ نوازی پہ فدا اے آقا
رخ کیا جب سے ادھر کا یہ ہے الطاف خدا
مرحبا فاطمہ زہرا مجھے فرماتی ہیں
سایہ چادر کا مرے سر پہ کیے آتی ہیں

انیس،

حر پکارا "بابی انت وامی" یاشاہ
قابل عفو نہ تھے بندہ آثم کے گناہ
مجھ سے گم راہ کو اک آن میں مل جائے یہ راہ!
سب ہے صدقہ انہی قدموں کا خدا ہے آگاہ

مہر ذرے پہ جو ہو نیر تاباں ہو جائے
آپ جس مور کو چاہیں وہ سلیماں ہو جائے

دبیر،

عرض کی پھر شہ والا سے بہ جوش رقت
کرتے ہیں دشمن دیں جنگ پہ اس دم سبقت
عفو تقصیر ہوئی اب ہو عنایت رخصت
دیکھنے کی نہیں بندے میں ذرا اب طاقت
گر رضا پائے تو سر اپنا کٹائے فدوی
زخم شمشیر و سناں سینے پہ کھائے فدوی

انیس،

لائے اس عزت و حرمت سے جو مہماں کو امام
بولے عباس کمر کھول اب اے نیک انجام
شہ نے فرمایا، مناسب ہے کوئی دم آرام
عرض کی حر نے کمر خلد میں کھولے گا غلام
فاتحہ پڑھ کے یہ شمشیر و سپر باندھی ہے
آج اس عزم پہ خادم نے کمر باندھی ہے
ہے بہت شمر و عمر سے مجھے لڑنے کی امنگ
ایک ہی وار میں دونوں کو کروں گا چورنگ
لشکر شام سے پیہم چلے آتے ہیں خدنگ
شاہ زادوں کی سپر ہوں کہ عبادت ہے یہ جنگ

کہیں ایسا نہ ہو بچہ کوئی بے جاں ہو جائے
پہلے یہ تازہ غلام آپ پہ قرباں ہو جائے

دبیر،

پسر حر کے معرف علی اکبر تھے کہ واہ!
حر کو دیتے تھے صدا شاہ کہ سبحان اللہ!
دونوں تسلیم کناں صرف وفا تھے ذی جاہ
مژدہ گلشن جنت انہیں پہنچانا گاہ
دونوں یک مرتبہ بے زار ہوئے جینے سے
نیزہ ظلم و ستم پار ہوئے سینے سے

انیس،

بڑھ کے فرماتے تھے عباس زہے عزت وجاہ!
بارک اللہ کی دیتا تھا صدا دل بر شاہ!
کہتے تھے ابن حسن واہ حر غازی واہ!
شاہ ہر ضرب پہ فرماتے تھے سبحان اللہ
اپنی جاں بازی کا غازی جو صلہ پاتا تھا
مسکراتا ہوا تسلیم کو جھک جاتا تھا

دبیر،

اس گھڑی فاطمہ کے لال سے حر نے یہ کہا
آپ کے صدقے سے یہ رتبہ ہوا خادم کا
شبیر حق میرے سرہانے ہیں کھڑے اے مولا!

جام کوثر لیے کہتے بہ صد لطف وعطا
لے اسے پی کہ بہت تشنہ دہن ہے اے حر!
جلد آ دیکھ یہ جنت کا چمن ہے اے حر!
ان سے میں عرض کرتا ہوں کہ اے شاہ زماں
پسر فاطمہ پیاسا ہے مجھے پیاس کہاں
صبح سے جھولے میں بے ہوش ہے اصغر ناداں
تشنہ لب ہے کئی دن سے علی اکبر ساجواں
پیاسا ہوں اس پہ بھی پانی نہ پیوں گا مولا!
جام کوثر نہ بن آقا کے پیوں گا مولا!
انیس،
نیم وا چشم سے حر نے رخ مولا دیکھا
زیر سر زانوے شبیر کا تکیا دیکھا
مسکرا کر طرف عالم بالا دیکھا
شہ نے فرمایا کہ اے حر جری! کیا دیکھا
عرض کی حسن رخ حور نظر آتا ہے
فرش سے عرش تلک نور نظر آتا ہے
مجھ کو لینے چلے آتے ہیں فرشتے یاشاہ!
ملک الموت بھی کرتا ہے محبت کی نگاہ
خلد سے شیر خدا نکلے ہیں اللہ اللہ!
لو بر آمد ہوئے شبر بھی پدر کے ہم راہ

ننگے سر احمد مختار کی پیاری آئی
دیکھیے آپ کے نانا کی سواری آئی

دبیر،

مڑ کے عباس دلاور کو پکارے سرور
روک لو تم کہ سکینہ چلی آتی ہے ادھر
گئے عباس ادھر یاں ہوا برپا محشر
حر بھی فرزند بھی حر کا ہوا گویا رو کر
غش پہ غش تشنہ دہانی کے سبب آتے ہیں
الفراق! اب چمن خلد کو ہم جاتے ہیں

انیس،

قبلہ رو کیجے لاشہ مرا اے قبلہ دیں
پڑھیے یٰسین کہ اب ہے یہ دم باز پسیں
کوچ نزدیک ہے اے بادشہ عرش نشیں
لیجے تن سے نکلتی ہے مری جان حزیں
بات بھی اب تو زباں سے نہیں کی جاتی ہے
کچھ اڑھا دیجے مولا مجھے نیند آتی ہے
کہہ کہ یہ گود میں شبیر کی لی انگرائی
آیا ماتھے پہ عرق چہرے پہ زردی چھائی
شہ نے فرمایا ہمیں چھوڑ چلے کیوں بھائی!
چل بسے حر جری، پھر نہ کچھ آواز آئی

طائر روح نے پرواز کی طوبا کی طرف
پتلیاں رہ گئیں پھر کرشہ والا کی طرف

میر انیس کے اشعار میں بلاغت کی جو باریکیاں اور دقائق ہیں، ان سے ہم اس موقع پر بحث نہیں کرتے، یہاں صرف یہ دکھانا ہے کہ حسن بندش سے کلام میں کس قدر صفائی، برجستگی اور زور پیدا ہو جاتا ہے۔

قید خانے کے واقعات

قید خانے کا حال اور ہند کے آنے کا واقعہ دونوں نے لکھا ہے، اور ایک بحر میں لکھا ہے۔ میر انیس کا مطلع ہے،

جب قیدیوں کو خانہ زنداں میں شب ہوئی۔

اور مرزا صاحب کا مطلع ہے،

جب قیدیوں کو راہ میں ماہ صفر ہوا۔

میر انیس نے تفصیلی حالات نہایت مؤثر پیرایے میں لکھے ہیں۔ مرزا صاحب کے ہاں صرف ۳۶ بند ہیں، لیکن بعض مضامین مشترک ہیں، وہ ملاحظہ ہوں،

دبیر،

راوی نے حال خانہ زنداں ہے یوں لکھا
وحشت میں مثل قبر اور آفت میں کربلا
آئی جو شب اسیروں کو صدمہ بڑا ہوا
نہ فرش تھا نہ سایہ تھا نہ پانی نہ غذا
شمعوں کی روشنی نہ چراغوں کی روشنی
بس ماتم حسین کے داغوں کی روشنی

انیس،

کیجے شکستگی خرابہ کا کیا بیاں

ثابت نہ جس میں سقف نہ در اور نہ سائباں

وحشت کا گھر ہر اس کی جا خوف کا مکاں

وہ شب کہ الحذر وہ اندھیرا کہ الاماں!

ظلمت سرائے گور تھی زنداں کا گھر نہ تھا

حجرے یہ تنگ تھے کہ ہوا کا گزر نہ تھا

دبیر،

ناگاہ مشعلوں کی ہوئی روشنی نمود

اور غل ہوا کہ ہند کا زنداں میں ہے ورود

زینب کے دل پہ صدمہ سبھوں سے ہوا افزود

غربت سے کانپنے لگی وہ خاصہ ودود

سر زانوؤں کے بیچ میں شرما کے دھر لیا

اور بیڑیوں کو خاک میں پوشیدہ کر لیا

بچوں سے پھر یہ بولی وہ آفت کی مبتلا

اب نام لیجیو نہ مرا تم پہ میں فدا

ناگاہ آئی قیدیوں میں ہند باوفا

زنجیر پہنے دیکھ کے عابد کو دی ندا

بیداد اہل ظلم سے یارب دہائی ہے!

اس ناتواں کو آہ یہ بیڑی پنہائی ہے!

انیس،

نکلی محل سرا سے یہ کہہ کر وہ خوش سیر
تھیں ساتھ ساتھ چند خواصیں بھی نوحہ گر
پہنچی جناب حضرت زینب کو یہ خبر
رنگ اڑ گیا یہ کہنے لگیں سر کو پیٹ کر
اپنا نہیں خیال بزرگوں کا پاس ہے
ہے ہے کہاں چھپوں وہ مری روشناس ہے
ہے شرم کی جگہ کہ میں ہوں خواہر امام
غمگین وسوگوار و پریشان و تشنہ کام
ہم ہیں فقیر ہم میں امیروں کا کیا ہے کام
لوگو بتا نہ دیجو کہیں اس کو میرا نام
پوچھے جو وہ کسی سے کہ زینب کدھر گئی
کہہ دیجیو کہ بھائی کے ہم راہ مر گئی

دبیر،

زینب کو بھی سکوت کا یارا نہ پھر رہا
بولی نہ ان سے پوچھ یہ زینب کا ماجرا
کیا جانیے کہ بعد حسین اس پہ کیا ہوا
قدموں پہ ہند گر پڑی پہچان کر صدا
رو کر کہا قسم مجھے رب قدیر کی
زینب تمہی ہو بیٹی جناب امیر کی

انیس،

یہ سن کے ہند رونے لگی تب بہ اشک و آہ
پھر مڑ کے روے حضرت زینب پہ کی نگاہ
منہ سے ہٹائے بال تو حالت ہوئی تباہ
بے ساختہ کہا کہ زہے قدرت الہ!
ہرگز غلط نہیں جو مجھے اشتباہ ہے
زینب تمہیں ہو، خالق اکبر گواہ ہے

میر انیس اور مرزا دبیر کے موازنہ میں عموماً میر انیس کی ترجیح ثابت ہوگی، لیکن ہر کلیے میں مستثنیٰ ہوتا ہے۔ بعض موقعوں پر مرزا دبیر صاحب نے جس بلاغت سے مضمون کو ادا کیا ہے، میر انیس سے نہیں ہو سکا۔ چنانچہ ذیل کی مثال سے اس کی تصدیق ہوگی۔

حضرت علی اصغر کے لئے پانی مانگنا

واقعات کربلا میں یہ واقعہ نہایت درد انگیز ہے کہ تمام اعزہ کی شہادت کے بعد حضرت امام حسین علیہ السلام اپنے شش ماہہ بچے (علی اصغر) کو دشمنوں کے سامنے لے جاکر اس بات کے ملتجی ہوئے کہ یہ بچہ پیاس سے مرتا ہے، اس کے گلے میں پانی کی ایک بوند ٹپکا دو۔ اس واقعہ کو میر ضمیر سے لے کر آج تک نئے نئے مؤثر پیرایوں میں ادا کیا جاتا ہے۔ میر انیس صاحب نے مختلف مرثیوں میں یہ واقعہ لکھا ہے اور ہر جگہ نیا پہلو اختیار کیا ہے۔ ایک مرثیے میں جو سب سے بہتر ہے، فرماتے ہیں،

بولے دکھا کے بچے کو شاہ فلک سریر
مرتا ہے پیاس سے یہ مرا کودک صغیر
پانی ملا ہے کل سے، نہ ممکن ہوا ہے شیر

للّٰہ اس غریب پہ کر رحم اے امیر!
مہماں ہے کوئی آن کا ہونٹوں پہ جان ہے
اس کا قصور کیا ہے یہ بے زبان ہے
برپا ہے اہل بیت محمدؐ میں شور و شین
در پر پھپھی بلکتی ہے ماں کر رہی بین
آنکھیں پھرائے دیتا ہے اب تو یہ نور عین
لایا ہے اس عطش میں ترے پاس اب حسینؑ
تجھ کو قسم ہے روح رسالت مآب کی
ٹپکا دے اس کے حلق میں اک بوند آب کی

لیکن مرزا دبیر نے اس واقعے کے بیان میں جو بلاغت صرف کی ہے اور جو درد انگیز سماں دکھایا ہے، کسی سے آج تک نہ ہو سکا، فرماتے ہیں،

دبیر،

ہر اک قدم پہ سوچتے تھے سبط مصطفا
لے تو چلا ہوں فوج عمر سے کہوں گا کیا
نہ مانگنا ہی آتا ہے مجھ کو نہ التجا
منت بھی گر کروں گا تو کیا دیں گے وہ بھلا
پانی کے واسطے نہ سنیں گے عدو مری
پیاسے کی جان جائے گی اور آبرو مری
پہنچے قریب فوج تو گھبرا کے رہ گئے
چاہا کریں سوال پہ شرما کے رہ گئے

غیرت سے رنگ فق ہوا تھرا کے رہ گئے
چادر پسر کے چہرے سے سرکا کے رہ گئے
آنکھیں جھکا کے بولے کہ یہ ہم کو لائے ہیں
اصغر تمہارے پاس غرض لے کے آئے ہیں
گر میں بہ قول عمرو شمر ہوں گناہگار
یہ تو نہیں کسی کے بھی آگے قصوروار
شش ماہہ بے زبان نبی زادہ شیر خوار
ہفتم سے سب کے ساتھ پیاسا ہے بے قرار
سن ہے جو کم تو پیاس کا صدمہ زیادہ ہے
مظلوم خود ہے اور یہ مظلوم زادہ ہے
یہ کون بے زباں ہے تمہیں کچھ خیال ہے
در نجف ہے بانوے بے کس کا لال ہے
لو مان لو تمہیں قسم ذوالجلال ہے
یثرب کے شاہ زادے کا پہلا سوال ہے
پوتا علی کا تم سے طلب گار آب ہے
دے دو کہ اس میں نام وری ہے ثواب ہے
پھر ہونٹ بے زبان کے چومے جھکا کے سر
رو کر کہا، جو کہنا تھا وہ کہہ چکا پدر
باقی رہی نہ بات کوئی اے مرے پسر
سوکھی زبان تم بھی دکھا دو نکال کر

پھیری زباں لبوں پہ جو اس نور عین نے
تھرا کے آسمان کو دیکھا حسین نے

اسلوب بیان کی بلاغت کو دیکھو، امام علیہ السلام اصغر کو لے کر پانی مانگنے کو نکلے تو سہی، لیکن غیرت کے اقتضا سے ہر قدم پر ٹھہر جاتے ہیں کہ سوال کیوں کر کروں، اور کروں بھی تو نتیجہ کیا ہو گا۔ پھر فوج کے قریب پہنچ کر سوال کرتے ہوئے شرمانا، تھرا کے رہ جانا اور سب سے بڑھ کر بچے کے چہرے سے چادر سرکا کے رہ جانا، کس قدر قیامت انگیز سماں ہے۔ پھر سوال بھی کرتے ہیں تو علی اصغر پر رکھ کر،

اصغر تمہارے پاس غرض لے کے آئے ہیں۔

واجب الرحم ہونے کی وجہیں کس قدر لاجواب ہیں اور سب ایک ہی مصرع میں ادا ہو گئی ہیں، یعنی شش ماہہ ہے، بے زبان ہے، نبی زادہ ہے، شیر خوار ہے۔ ان سب پر قیامت یہ کہہ کر جب سب کچھ کہہ چکے تو بچہ کی زبان حال سے بھی کہلوایا اور بچے نے کہہ بھی دیا۔ کیونکہ بچہ پیاس کی شدت سے لبوں پر زبان پھیرا کرتا تھا، اب بھی اس نے ایسا ہی کیا تو یہ زبان حال سے کہنا تھا۔

متحد المضمون اشعار

اس قسم کے اشعار بعض تو بالکل ہم مضمون ہیں، بعض اس قسم کے ہیں کہ ایک نے ایک خیال کو ادا کیا تھا، دوسرے نے اس کو ترقی دینا چاہا۔ بعض ایسے ہیں کہ صرف اصل واقعہ مشترک ہے اور دونوں کی طرز ادا الگ الگ ہے۔ چنانچہ ہم ہر قسم کی متعدد مثالیں نقل کرتے ہیں۔

دبیر،

مثل تنور گرم تھا پانی میں ہر حباب

ہوتی تھیں سیخ موج پہ مرغابیاں کباب

انیس،

پانی تھا آگ گرمی روز حساب تھی

ماہی جو سیخ موج تک آئی کباب تھی

یہ مضمون دونوں کے ہاں مشترک ہے کہ گرمی کی شدت یہ تھی کہ موج، سیخ بن گئی تھی اور جب کوئی جانور اس کے پاس جاتا تھا تو جل کر کباب ہو جاتا تھا۔ بندش اور الفاظ کی نشست میں جو فرق ہے وہ خود ظاہر ہے۔ لیکن معنوی حیثیت سے بھی میر انیس کا شعر بڑھا ہوا ہے۔ میر انیس صاحب کے ہاں گرمی کا مبالغہ، جو شعر کی جان ہے، زیادہ پایا جاتا ہے۔ یعنی یہ کہ مچھلی سیخ موج تک آنے کے ساتھ فوراً کباب ہو جاتی تھی۔ مرزا صاحب کے ہاں یہ بات نہیں پائی جاتی۔ وہ کہتے ہیں کہ موج کی سیخ پر مرغابیوں کا کباب لگایا جاتا تھا، اس سے فوراً کباب ہو جانے کا خیال نہیں پیدا ہوتا۔

دبیر،

چاہوں تو بیٹھے بیٹھے اک انگلی سے زین پر

گردوں کی ڈھال چیر کے رکھ دوں زمین پر

انیس،

طاقت اگر دکھاؤں رسالت مآبؐ کی

رکھ دوں زمیں پہ چیر کے ڈھال آفتاب کی

مرزا صاحب کے شعر کا پہلا مصرع نہایت بد ترکیب ہے، اس کے علاوہ ایک انگلی سے چیرنا نہیں ہوتا بلکہ کھونچا دینا ہوتا ہے۔ ڈھال کی تشبیہ آفتاب سے بہ نسبت آسمان کے زیادہ موزوں ہے۔

دبیر،

دہشت سے جواں بھاگتے تھے تیر کی مانند

تھا نیزوں کو رعشہ قدم پیر کی مانند

انیس،

چلنے میں نیزے کانپتے تھے مثل پائے پیر

میر صاحب کا مصرع زیادہ فصیح اور صاف ہے۔ ان الفاظ سے "کانپتے تھے" جو تصویر خیال میں کھنچ جاتی ہے، وہ رعشے کے لفظ سے پیدا نہیں ہوتی۔ سب سے بڑھ کر یہ کہ جب تک چلنے کی قید نہ مذکور ہو، پوری تشبیہ نہیں ہوتی۔ کیونکہ بوڑھے آدمی کے پاؤں چلنے ہی کی حالت میں کانپتے ہیں۔ اس کے ساتھ چونکہ چلنے کا اطلاق پاؤں اور نیزہ دونوں پر ہوتا ہے، اس لئے یہ لفظ اس موقع پر نہایت موزوں ہے۔ سب سے بڑھ کر یہ کہ کہ نیزہ چلانے کی حالت میں نیزے کو لچک ہوتی ہے، اس لئے اس کو کانپنے سے تعبیر کر سکتے ہیں اوراس لحاظ سے یہ کہنا کہ نیزہ چلنے کی حالت میں خوف سے کانپتا تھا، نہایت لطیف حسن التعلیل ہے۔ بہ خلاف اس کے مرزا صاحب نے چونکہ نیزے کی جنبش اور حرکت کا ذکر نہیں کیا، اس لئے رعشے کا کوئی ثبوت نہیں ہوتا۔

دبیر،

چلائے ہاتھ مل کے جلاجل کہ الاماں

انیس،

ہو گیا جوڑ کے ہاتھوں کو جلاجل خاموش۔

جلاجل کے دونوں حصے جو بجانے میں مل جاتے ہیں، اس کی تعبیر دونوں بزرگوں نے دوطرح پر کی ہے۔ مرزا صاحب کہتے ہیں کہ جلاجل چلا کر الامان کہتا تھا اور ہاتھ ملتا

تھا۔ لیکن چلانے کو ہاتھ ملنے سے کوئی تعلق نہیں۔ اس لئے گو تشبیہ صحیح ہے لیکن ہاتھ ملنے کی کوئی توجیہہ نہیں ہو سکتی۔ میر صاحب کہتے ہیں کہ حضرت امام حسین کا رعب اس قدر غالب ہوا کہ جلاجل ہاتھ جوڑ کے چپ ہو گیا۔ رعب اور خوف کی حالت میں ہاتھ جوڑنا اکثر ہوتا ہے اور چونکہ جلاجل کے دونوں حصے جب مل جاتے ہیں تو پھر جب تک جدا نہ ہوں، آواز نہیں دے سکتے، اس لئے یہ کہنا بالکل صحیح ہے کہ وہ ہاتھ جوڑ کر چپ ہو گیا۔

دبیر،

یوں جسم رعشہ دار سے جانیں ہوئیں رواں
جیسے مکاں سے زلزلے میں صاحب مکاں

انیس،

یوں روح کے طائر تن و سر چھوڑ کے بھاگے
جیسے کوئی بھونچال میں گھر چھوڑ کے بھاگے

اصل مضمون یہ ہے کہ روحیں جسم سے اس طرح بھاگ گئیں جس طرح بھونچال میں کوئی گھر چھوڑ کے بھاگ جاتا ہے۔ لیکن بندش کی صفائی اور برجستگی نے میر انیس صاحب کے مضمون کو کہاں سے کہاں پہنچا دیا ہے۔ اس کے علاوہ صاحب مکاں کی تخصیص بالکل بے کار ہے۔ زلزلہ جب آتا ہے تو صاحب مکاں کی کوئی تخصیص نہیں، ہر شخص مکان چھوڑ کے بھاگ جاتا ہے۔ جسم رعشہ دار کی ترکیب نامانوس ہے اور اس قید سے یہ مفہوم ہوتا ہے کہ صرف ان لوگوں کی روحیں نکلیں جن کے جسم رعشہ دار تھے۔ میر صاحب کا پہلا مصرع بھی کچھ اچھا نہیں، سر کا لفظ بالکل حشو بلکہ موقع کے لحاظ سے غلط ہے، روح سر میں نہیں رہتی اور نہ سر سے اس کو کوئی خصوصیت ہے۔

دبیر،

وہ رخش پہ یا دیو تھا سوار پری پر
غل رن میں اٹھا کوہ چڑھا کبک دری پر

کس قدر بے ہودہ تشبیہ ہے۔ دشمن کو کوہ اور گھوڑے کو کبک دری کہنا، مضائقہ نہیں، لیکن کوہ کا کبک دری پر چڑھنا کس قدر مہمل ہے۔ میر انیس صاحب نے بھی یہی مضمون یعنی دشمن کا گھوڑے پر سوار ہونا متعدد موقعوں پر باندھا ہے اور کس خوبی سے باندھا ہے،

ع، گھوڑے پہ تھا شقی کہ پہاڑی پہ دیو تھا
ع، گھوڑے پہ تھا شقی کہ ہوا پر پہاڑ تھا

دبیر،

رن میں جو گھرا ابر غلیظ اہل سقر کا
بجلی سا کڑکنے لگا کڑکیت عمر کا

(ایضاً)

گرد عباس کے کثرت تھی ستم گاروں کی
منہ تو تیروں کا تھا اور برق تھی تلواروں کی

پہلے شعر کا یہ مطلب ہے کہ دشمن جو اہل سقر تھے ان کی صفوں کا دل ابر غلیظ تھا، اور اس ابر میں کڑکیت کا کڑکنا، بجلی کا کام دیتا تھا۔ دوسرے شعر کا مطلب ظاہر ہے۔ اسی مضمون کو میر انیس صاحب نے باندھا ہے،

اک گھٹا چھا گئی ڈھالوں سے ستم گاروں کی
برق ہر صف میں چمکنے لگی تلواروں کی

مرزا صاحب کا پہلا شعر تو بالکل بھدا اور بد ترکیب ہے۔ دوسرا ذرا صاف ہے لیکن

میر انیس صاحب کے شعر سے اس کو بھی کچھ نسبت نہیں ہے۔ صفائی اور برجستگی کے علاوہ "چمکنے لگی" کے جملہ فعلیہ نے جو حالت پیدا کی وہ "برق تھی" سے کہاں پیدا ہو سکتی ہے۔

انیس،

عالم ہے کہ مکدر، کوئی دل صاف نہیں ہے
اس عہد میں سب کچھ ہے پر انصاف نہیں ہے

دبیر،

دل صاف ہو کس طرح کہ انصاف نہیں ہے
انصاف ہو کس طرح کہ دل صاف نہیں ہے

انصاف سے دیکھو، مرزا صاحب نے، میر صاحب ہی کے لفظوں کو الٹ پلٹ کیا ہے، لیکن کس بری طرح سے کہ محض لفظی گورکھ دھندہ رہ گیا ہے۔

دبیر،

کس نے نہ دی انگوٹھی رکوع و سجود میں

انیس،

سائل کو کس نے دی ہے انگوٹھی نماز میں

دونوں مصرعوں کی شستگی، برجستگی اور صفائی میں جو فرق ہے وہ ایک بچہ بھی سمجھ سکتا ہے۔

دبیر،

کس آب و تاب سے یہ سر فوج پر گئی
پانی کا گھونٹ بن کے گلے سے اتر گئی

انیس،

سب نشہ غرور جوانی اتر گیا
تلوار تھی کہ حلق سے پانی اتر گیا

ان دونوں شعروں کا فرق بھی ظاہر ہے۔

دبیر،

یوں متصل رسن سے بندھے تھے وہ دل فگار
رشتے میں جیسے دانہ تسبیح آب دار

اہل حرم جو ایک ہی رسی میں قید کیے گئے ان کو تسبیح کے دانے اور رشتہ تسبیح سے تشبیہ دی ہے اور یہ تشبیہ بجائے خود بری نہیں لیکن میر صاحب کی تشبیہ دیکھو،

گردنیں بارہ اسیروں کی ہیں اور ایک رسن
جس طرح رشتہ گل دستہ میں گل ہائے چمن

تشبیہ کی لطافت اور نزاکت کے علاوہ اصل تشبیہ میں کس قدر فرق ہے، وہ ظاہر ہے۔ اس کے علاوہ مرزا صاحب کے ہاں "آبدار" کا لفظ محض بے کار ہے۔

دبیر،

بے جرم معرکے میں وہ خاراشگاف تھی
لشکر کا خوں کیا تھا مگر پاک صاف تھی

مرزا صاحب نے اس مضمون کو نہایت خوبی اور صفائی سے ادا کیا ہے۔ میر انیس صاحب نے اس مضمون کو کئی طرح سے پلٹا، لیکن انصاف یہ ہے کہ وہ بات نصیب نہ ہوئی، میر صاحب کہتے ہیں،

انیس،

اب سب کے بعد منہ کو جو دیکھا تو صاف تھا۔

ایضاً،

جو چاہے دیکھ لے مرا منہ پاک صاف ہے

انیس،

دم میں نہ وہ غرور، نہ وہ خود سری رہی
مجرم وہی رہا، یہ خطا سے بری رہی

مرزا دبیر،

روکش خدا کی فوج سے چھوٹے بڑے ہوئے
سجادے سے امام زمن اٹھ کھڑے ہوئے

میر انیس،

تیار جان دینے پہ چھوٹے بڑے ہوئے
تلواریں ٹیک ٹیک کے سب اٹھ کھڑے ہوئے

دبیر،

روشن پدر کا زور ہے دنیا و دین پر
ششدر رہتے جبرئیل کٹے جب کہ تین پر

انیس،

خیبر میں کیا گزر گئی روح الامین پر
کاٹے ہیں کس کی تیغ دو پیکر نے تین پر

دبیر،

بندھتی تھی اور کھلتی تھی مٹھی حباب کی

انیس،

کھلتی تھیں اور جھپکتی تھیں آنکھیں حباب کی

حاشیہ

(۱)اس کے مقابلے میں میر انیس کی صبح دیکھو۔

* * *

شبلی نعمانی: بحیثیت تنقید نگار

نور فاطمہ

علامہ شبلی نعمانی اردو تنقید کے ان بنیاد گزاروں میں سے ایک ہیں جن کو الطاف حسین حالی کے بعد اردو تنقید اور شعریات کے سب سے نمایاں نظریہ ساز نقاد کا نام دیا جا سکتا ہے۔ انیسویں صدی کے اواخر اور بیسویں صدی کے اوائل میں تنقید ہمارے سامنے ایک مستحکم روپ میں ابھرتی ہے اور تذکروں کی تنقید (جس کو تنقیدی شعور کے آغاز کا نام دینا زیادہ مناسب ہو گا)۔ کے دائرۂ کار سے باہر نکلتی ہے۔ اس کا سہرا سب سے پہلے مولانا الطاف حسین حالی اور اس کے بعد علامہ شبلی نعمانی کے سر بندھتا ہے۔ حالی نے (۱۸۹۳) میں مقدمہ شعر و شاعری لکھ کر ادبی دنیا میں ہلچل پیدا کی۔ آج بھی ان کے وضع کردہ اصولوں کو قدر کی نگاہوں سے دیکھا جاتا ہے۔ اس کے بعد شبلی نے بیسویں صدی کے آغاز میں ہی تقابلی تنقید کا ایک اور نیا رخ موازنۂ انیس و دبیر (۱۹۰۷) لکھ کر پیش کیا۔ الطاف حسین حالی اور شبلی نعمانی سے قبل اگر کوئی نقاد اردو میں نمایاں نظر آتا ہے تو وہ محمد حسین آزاد ہیں مگر آزاد کو شعرائے اردو کے تذکروں کے بعد اردو تنقید کے باقاعدہ آغاز سے قبل ایک ایسے ادبی تاریخ نویس کا نام دیا جانا چاہیے جس نے تذکروں کی اصطلاحات سے آگے بڑھ کر بعض تنقیدی تصورات کی وضاحت کا فریضہ انجام دیا۔ چونکہ ان کا تنقیدی اسلوب زیادہ دوٹوک نہیں اور ان کی تنقیدی زبان پر بھی انشا پردازی

کا غلبہ نظر آتا ہے اس لیے ان کو حالی اور شبلی کی برابری کا درجہ نہیں دیا جا سکتا۔ ان ہی کی طرح اس زمانے میں امداد امام اثر نے بھی جو تنقید لکھی وہ بھی شبلی اور حالی کے دوٹوک انداز و اسلوب کا درجہ حاصل نہیں کر پائی۔ شبلی نعمانی کی تنقید نگاری کا جائزہ لینے کی غرض سے تنقید کے بارے میں ان کی دو بنیادی کتابوں موازنۂ انیس و دبیر اور شعر العجم کا ذکر نا گزیر ہے۔ موازنہ کے ذریعے شبلی نے تنقید کو محدود دائرے سے نکال کر مغرب کے بالمقابل کر دیا وہ اس لیے کہ مغرب میں تو تقابلی تنقید کا چلن عام تھا مگر اردو میں تقابلی تنقید پر پہلی کتاب شبلی کی موازنۂ انیس و دبیر ہی سامنے آتی ہے۔ اس کتاب کے منظر عام پر آتے ہی شبلی نے اپنی تنقیدی صلاحیتوں کا لوہا بھی منوالیا۔ مرثیہ نگاری کے دو بڑے اور نمائندہ فن کار انیس و دبیر کے درمیان موازنہ کر کے شبلی نے ادب کو ایک نیا نقطۂ نظر دیا۔ آج بھی شبلی کی یہ کتاب تنقیدی میدان میں استناد کا درجہ رکھتی ہے اور اہل علم انیس و دبیر کو موازنہ کے سیاق وسباق میں رکھ کر پرکھنے کی کوشش کرتے ہیں۔ شعر العجم کی چوتھی جلد بھی ان کا تصورِ شعر، تنقیدی شعور اور اس کے علاوہ ادبی بصیرت قاری کو اپنی گرفت میں لیے بغیر نہیں رہتی۔ یوں تو شعر العجم کی پانچ جلدوں میں فارسی شاعری کی تاریخ ملتی ہے مگر چوتھی جلد کے پہلے حصہ میں تنقیدی اصول و نظریات سے بحث کی گئی ہے جو کہ نظری تنقید کے اعلیٰ نمونے قرار دیے جاسکتے ہیں۔ تنقید کے اصول وضوابط اور نظریاتی مسائل کا اس طرح جائزہ لیا گیا ہے کہ وہ فارسی کے ساتھ ساتھ اردو شاعری کی پرکھ اور محاسن کی شناخت کا وسیلہ بن جاتے ہیں شبلی کے یہاں مشرقی شعریات کا اثر گہرا دکھائی دیتا ہے۔ شبلی کی تنقیدی تصانیف کے ذریعے یہ بات سامنے آتی ہے کہ شعر و سخن کی پرکھ کے سلسلے میں بنیادی باتیں موازنہ میں موجود ہیں اور ان کی مزید وضاحت شعر العجم کی چوتھی جلد میں ملتی ہے۔ اس لیے مناسب معلوم ہوتا ہے کہ شعر العجم میں مو

جو د شعریات اور تنقیدی تصورات سے پہلے ہم موازنۂ انیس و دبیر کے مباحث پر ایک نگاہ ڈال لیں۔

جیسا کہ سب جانتے ہیں کہ موازنہ میں انیس و دبیر کے شاعرانہ کمالات کو پیش کیا گیا ہے۔ اور ان کی ادبی قدر و قیمت متعین کرنے کی کوشش کی گئی ہے۔ اس کتاب کے بیشتر حصے میں انیس کی شاعرانہ خوبیوں پر تفصیلی بحث ملتی ہے۔ ہر اعتبار سے دبیر کے مقابلے انیس کا مرتبہ بلند دکھایا گیا ہے۔ اس لیے اس کتاب کے منظر عام پر آنے کے بعد مخالفت کا بازار گرم رہا اور شبلی پر یہ الزام عائد کیا گیا کہ دبیر کے ساتھ ناانصافی کی گئی ہے۔ دیکھا جائے تو یہ بات کسی حد تک درست بھی ہے کہ انیس کے مقابلہ دبیر کے کلام کا تجزیہ اس کتاب میں کم ملتا ہے۔ مگر اس کے باوجود شبلی نے جگہ جگہ دبیر کی علمیت، قوت اختراع، اور مضمون آفرینی کا اعتراف بھی کیا ہے۔ اس کے علاوہ دبیر کے کلام میں تشبیہات و استعارات کی ندرت و جدت کا ذکر بھی ملتا ہے۔ مگر شبلی چونکہ اپنا سارا زور فصاحت و بلاغت پر صرف کر دیتے ہیں اس لیے انیس کے مقابلے انھیں دبیر کا کلام قدرے پھیکا اور کم حیثیت نظر آتا ہے۔ موازنہ میں فصاحت کی تعریف بہت جامع اور منظم انداز میں کی گئی ہے۔ شبلی نے اس انداز سے فصاحت کی تعریف کی ہے کہ آوازوں کے ذریعے الفاظ کے فصیح اور غیر فصیح ہونے کا فرق ہمارے سامنے نمایاں ہو کر آجاتا ہے۔ اسی روشنی میں شبلی نے میر انیس اور مرزا دبیر کے کلام کو پرکھنے کی کوشش کی اور مثالوں کے ذریعے یہ صاف کر دیا کہ فصاحت کی عمدہ مثالیں میر انیس کے کلام میں کس طرح پائی جاتی ہیں۔ انھوں نے دونوں شاعروں کے مصرعوں یا شعروں کو سامنے رکھ کر یہ بات واضح کی ہے کہ انیس کا کلام دبیر کے مقابلے میں زیادہ فصیح معلوم ہوتا ہے۔ مثال کے طور پر یہ مصرعے دیکھیے:

کس نے نہ دی انگوٹھی رکوع و سجود میں

مرزا دبیر

سائل کو کس نے دی ہے انگوٹھی نماز میں

میر انیس

شبلی فصاحت پر مزید بحث کرتے ہوئے لفظ کے فصیح ہونے کو کافی نہیں سمجھتے اور اس کی ترتیب و تناسب یا ساخت و ہیئت پر زوور دیتے ہوئے لکھتے ہیں:

"کلام کی فصاحت میں صرف لفظ کا فصیح ہونا کافی نہیں، بلکہ یہ بھی ضروری ہے کہ جن الفاظ کے ساتھ وہ ترکیب میں آئے، ان کی ساخت، ہیئت، نشست، سبکی اور گرانی کے ساتھ اس کو خاص تناسب اور توازن ہو ورنہ فصاحت قائم نہ رہے گی"۔

(موازنۂ انیس و دبیر، مرتبہ فضل امام، ص، ۴۵)

شبلی نے فصاحت کے ضمن میں ترتیب و تناسب کو بھی اہمیت دی ہے۔ اس روشنی میں شبلی نے میر انیس کے کلام سے متعدد مثالیں پیش کی ہیں یہاں ایک دو مثال کا ذکرنا گزیر معلوم ہوتا ہے۔

کھا کھا کے اوس اور بھی سبزہ ہرا ہوا

شبنم نے بھر دیے تھے کٹورے گلاب کے

شبلی کا ماننا ہے کہ اوس اور شبنم دونوں لفظ فصیح ہیں لیکن اگر میر انیس اوس کے بجائے شبنم اور شبنم کی جگہ اوس کا لفظ استعمال کرتے تو فصاحت باقی نہیں رہتی۔ اس لیے لفظوں کے انتخاب میں توازن اور تناسب دیکھنا بے حد ضروری ہے۔ لفظوں میں معمولی الٹ پھیر کے ذریعے کلام میں جو فرق پیدا ہوتا ہے اسے ذیل میں دی جارہی مثال سے بہ آسانی سمجھا جاسکتا ہے۔ میر انیس نے حضرت علی اکبر کے اذان دینے کی تعریف اکثر جگہ

کی ہے۔ ایک جگہ اس بات کو اس طرح ادا کرتے ہیں۔

تھا بلبل حق گو کہ چہکتا تھا چمن میں

ایک دوسرے موقع پر کہتے ہیں:

بلبل چہک رہا تھا ریاض رسول میں

دونوں مصرعوں کا مضمون ایک ہے مگر لفظوں کے الٹ پھیر نے واضح فرق پیدا کر دیا ہے۔ ان تمام مثالوں کے ذریعے شبلی کے وسیع مطالعہ باریک بینی اور ناقدانہ بصیرت کے سبب ہمیں قدم قدم پر ان کے گہرے تنقیدی شعور کا قائل ہونا پڑتا ہے۔ بلاغت پر بھی شبلی پر معنی انداز میں بحث کرتے ہوئے لکھتے ہیں۔ بلاغت کے لیے ضروری ہے کہ کلام فصیح ہو۔ عام طور پر یہ خیال تسلیم کیا جاتا ہے کہ جس کلام میں دوسروں تک پہنچنے کی جتنی صلاحیت ہوگی وہ اتنا ہی بلیغ ہوگا۔ شبلی بلاغت کو اس طرح سمجھتے ہیں:

"بلاغت کو الفاظ سے چنداں تعلق نہیں، محض مضامین کو بھی بلیغ یا غیر بلیغ کہا جا سکتا ہے۔ بلاغت الفاظ در حقیقت بلاغت کا ابتدائی درجہ ہے۔ اصل اور اعلیٰ درجے کی بلاغت معانی کی بلاغت ہے۔"

(موازنۂ انیس و دبیر، مرتبہ فضل امام، ص۵۹-۶۰)

شبلی نے مثالوں کے ذریعے یہ ثابت کیا ہے کہ الفاظ کی بلاغت سے زیادہ میر انیس کے یہاں معنی کی بلاغت ملتی ہے۔ جبکہ دبیر کے یہاں معانی کی بلاغت انیس کے مقابلے میں کم ہے۔ شبلی کا ماننا ہے کہ انیس کا اصل جوہر معانی کی بلاغت میں کھل کر سامنے آتا ہے۔ میر انیس اور دبیر کے کلام سے بلاغت کی مثال دیکھیے کربلا کے واقعات میں ایک موقع ایسا آتا ہے جب کوئی امام حسین کا نام اور تعارف جاننا چاہتا ہے۔ اس صوت حال کو دبیر اس طرح بیان کرتے ہیں کہ امام حسین کی زبان سے خودستائی ظاہر ہوتی ہے:

فرمایامیں حسین علیہ السلام ہوں

اس مقابلے میں ایسی صورت حال کے بیان میں انیس کے یہاں انکسار اور عظمت دونوں موجود ہیں:

مولانے سر جھکا کے کہامیں حسین ہوں

شبلی کا ماننا ہے کہ ان مصرعوں میں بلاغت کا جو نکتہ چھپا ہوا ہے اس کا اندازہ صرف مذاق سخن سے ہی لگایا جاسکتا ہے۔ شبلی موازنہ میں تشبیہ اور استعارے پر بھی مدلل انداز میں اپنی رائے پیش کرتے ہوئے لکھتے ہیں تشبیہ و استعارہ ایسے شاعرانہ وسائل ہیں جن کے ذریعے کلام کی دلکشی میں اضافہ ہو جاتا ہے۔ شبلی بھی تشبیہ و استعارے کو کلام کا زیور سمجھتے تھے ان کا کہنا تھا کہ اگر کوئی چیز کلام میں یا تحریر میں روح پھونک سکتی ہے تو وہ تشبیہات و استعارات ہیں۔ شبلی تشبیہ و استعارے کے حسن کے تبھی تک قائل ہیں جب تک وہ اپنی اصلی حالت میں قائم رہیں اور غیر ضروری معلوم نہ ہوں۔ تشبیہ کی اہمیت اور افادیت پر بحث کرتے ہوئے شبلی نے تشبیہ کی دو قسمیں بتائی ہیں۔ ایک مفرد اور دوسری مرکب۔ شبلی کا ماننا ہے کہ مفرد تشبیہ میں جدت پیدا نہیں کی جاسکتی جبکہ مرکب تشبیہ میں صورت حال کی مناسبت سے جدت پیدا کی جا سکتی ہے۔ مرکب تشبیہ میں جدت اور ندرت کا سارا انحصار قوت اختراع پر ہوتا ہے۔ انھوں نے ایک اور نکتے کی طرف اشارہ کیا ہے کہ تشبیہ کی خوبی یہ ہے کہ مشبّہ کی تصویر آنکھوں کے سامنے آجائے جیسا کہ عرب میں نیچرل قسم کی تشبیہات پائی جاتی تھیں۔ شبلی نے موازنہ میں یہ ثابت کیا ہے کہ میر انیس کے کلام میں تشبیہات کی جتنی خوبیاں پائی جاتی ہیں وہ کسی اور کے کلام میں ملنا مشکل ہے۔ تشبیہات کی ان خصوصیات کو شبلی نے متعدد مثالوں سے واضح کیا ہے۔ میدان کربلا میں جب حضرت عباس پر چاروں طرف سے برچھیاں چل رہی تھیں انیس نے اس

کیفیت کو تشبیہ کے ذریعے نیا رنگ دے دیا ہے اور برچھیوں کے چلنے کے ناپسندیدہ عمل کو کہیں سورج کی کرنوں اور کبھی پروانوں کی خوبصورت تشبیہات سے نمایاں کرنے کی کوشش کی ہے۔

یوں برچھیاں تھیں چاروں طرف اس جناب کے
جیسے کرن نکلتی ہے گرد آفتاب کے

*

مقتل میں کیا ہجوم تھا اس نور عین پر
پروانے گر رہے تھے چراغ حسین پر

شبلی مزید لکھتے ہیں کہ محسوسات کے ذریعے جو تشبیہ دی جاتی ہے اس کی تصویر فوراً ذہن میں آجاتی ہے۔ اس قسم کی تشبیہات میر انیس کے کلام میں کثرت سے پائی جاتی ہیں۔ دو دشمنوں کے درمیان جب ایک دوسرے پر وار کرتے ہوئے ان کی برچھیاں آپس میں ٹکرا رہی تھیں تو اس منظر کو میر انیس نے اس طرح بیان کیا ہے:

دو سانپ گتھ گئے تھے زبانیں نکال کے

شبلی شاعری میں حسن کاری کے قائل تھے۔ اس بات کو شبلی ایک بے حد خوبصورت مثال کے ذریعے بتاتے ہیں کہ اگر آدمیوں کے ہجوم کو اس طرح بیان کیا جائے کہ وہاں آدمیوں کا جنگل تھا تو کلام میں وسعت اور زور پیدا ہو جائے گا۔ دیکھا جائے تو تشبیہ ایک عام خیال ہے جس کو کوئی بھی شخص اپنے کلام میں استعمال کر سکتا ہے۔ مگر جب تک تشبیہ میں ندرت اور کوئی خاص خوبی موجود نہ ہو وہ کوئی اثر پیدا نہیں کر سکتی۔ اس لیے شاعر کا فرض ہے کہ کلام میں نادر اور جدید تشبیہات اور استعارات استعمال کرے۔ جیسا کہ ہمارے یہاں کے اکثر بڑے شعرا نے کیا ہے۔ اگر بار بار وہی تشبیہیں

اور استعارے استعمال کیے جائیں گے تو ان میں تازگی اور ندرت بر قرار نہیں رہے گی۔اس کے بعد شبلی صنائع و بدائع کی اہمیت پر روشنی ڈالتے ہوئے لکھتے ہیں کہ صنائع و بدائع کے ذریعے کلام میں حسن اور دلکشی پیدا کی جاسکتی ہے۔میر انیس کی شاعری جس زمانے میں پروان چڑھی اس وقت مبالغہ، صنائع و بدائع، ایہام اور رعایت لفظی کو شاعرانہ کمال سمجھا جاتا تھا۔ ایسے میں میر انیس کا صنائع و بدائع سے الگ رہنا تھوڑا مشکل تھا۔ اس سلسلے میں شبلی کا خیال ہے کہ:

"باقی صنعتوں کو انھوں نے اس طرح برتا کہ کلام کی اصل خوبی یعنی برجستگی، صفائی اور سادگی میں فرق نہ آنے پائے"۔(موازنہ انیس و دبیر، مرتبہ فضل امام، ص۹۹)

شبلی اس بحث کو مزید آگے بڑھاتے ہوئے کہتے ہیں کہ میر انیس کے کلام میں جن صنعتوں کا حسن و خوبی کے ساتھ استعمال ہوا ہے ان میں ایہام (یعنی ایک لفظ کے دو معنی مراد ہوں دوسرے معنی مراد نہ ہوں) مبالغہ، حسن تعلیل، مراعات النظیر (الفاظ کی رعایت) ہیں ویسے لف و نشر اور تلمیح کے جابہ جا اشعار بھی میر انیس کے مرثیوں میں بکھرے نظر آتے ہیں۔ یہ تمام محاسن بلاغت کے ذیل میں آتے ہیں۔ اس کے بعد میر انیس نے اپنے کلام میں انسانی جذبات و احساسات، منظر نگاری، واقعہ نگاری کو بے حد خوبصورتی کے ساتھ استعمال کیا ہے۔ اس بات کو شبلی نے متعدد مثالوں سے واضح کیا ہے۔ ان مباحث کو نظریاتی طور پر مستحکم کرنے کی غرض سے شبلی نے جگہ جگہ مثالیں بھی دی ہیں۔ لیکن انھوں نے محض نظریاتی بحث پر اکتفا نہیں کیا ہے، بلکہ عملی تنقید کرتے ہوئے میر انیس اور مرزا دبیر کی مرثیہ نگاری کا تقابل اور موازنہ کیا ہے اور ہر جگہ ثبوت کے طور پر اشعار کے حوالے سے دونوں شاعروں کے فنی طریق کار کو بھی نمایاں کیا ہے۔

شعر العجم میں شاعری کے جن اصول و نظریات کا ذکر ملتا ہے ان میں سے بیشتر کا

ذکر موازنہ میں سرسری طور پر کیا جاچکا ہے۔ شعر العجم کی چوتھی جلد کے ابتدائی صفحات مین ان تمام مباحث پر تفصیلی گفتگو ملتی ہے۔ شبلی انشا پرداز تھے، جمالیاتی ذوق رکھتے تھے۔ ان کی تحریروں میں کہیں کہیں رومانیت کا اثر بھی دکھائی دیتا ہے۔ یہی وجہ ہے کہ شبلی کی نثر روکھی پھیکی معلوم نہیں ہوتی بلکہ پیرایۂ بیان بہت شگفتہ اور دلکش انداز لیے رہتا ہے۔ اس لیے شبلی کو جمالیاتی نقاد کا نام دینا بھی غلط نہ ہو گا۔ شبلی شاعری کو ذوقی اور وجدانی چیز سمجھتے ہیں اس لیے ان کا یہ کہنا کہ چند الفاظ میں شاعری کا صحیح نقشہ پیش نہیں کیا جاسکتا درست معلوم ہوتا ہے۔ شبلی نے شاعری میں دو چیزوں کو ضروری قرار دیا ہے۔ ایک ادراک اور دوسرا احساس۔ ادراک کا کام مسائل پر غور کرنا، نئ نئ ایجادات اور تحقیقات وغیرہ ہیں مگر احساس انسان کے دلوں پر گہرا اثر مرتب کرتا ہے۔ پھر چاہے وہ خوشی کی حالت، غم کی حالت، یا حیرت انگیزی کا بیان ہو، یا اس بات کو دوسرے لفظوں میں اس طرح بیان کیا جاسکتا ہے کہ احساس جب الفاظ کا جامہ پہن لیتا ہے تو شعر کی شکل اختیار کرلیتا ہے۔ چونکہ شعر میں کسی نہ کسی انسانی جذبے کا بیان کیا جاتا ہے اور وہ سننے والے کے دلوں پر گہرا اثر مرتب کرتا ہے اس لیے شبلی شعر کی تعریف ان الفاظ میں ادا کرتے ہیں:

"جو کلام انسانی جذبات کو برانگیختہ کرے اور ان کو تحریک میں لائے وہ شعر ہے"۔
(شعر العجم، جلد چہارم، علامہ شبلی نعمانی، ص ۴)

ان کا کہنا ہے کہ شاعری کی یہ وہ خصوصیت ہے جو اس کو تمام علوم و فنون اور سائنس سے الگ کر دیتی ہے۔ اس بات کی وضاحت کے لیے شبلی تاریخ اور شعر کے فرق، شاعری اور واقعہ نگاری کے فرق اور خطابت اور شاعری کے فرق کو بہت مدلل انداز میں مثالوں کے ذریعے واضح کرتے ہیں۔ اس کے بعد شبلی اس بات پر توجہ مرکوز کر

تے ہیں کہ شعر کے اصلی عناصر کیا ہیں؟ اور کن خوبیوں کی بنا پر اچھا شعر وجود میں آتا ہے؟ اس کے لیے شبلی نے دو چیزوں کو ضروری قرار دیا ہے۔ایک محاکات اور دوسرا تخیل ان میں سے کسی ایک صنعت کا استعمال شعر میں ہو گا تو وہ شعر کہلانے کا مستحق ہو گا۔ خیال بندی، بندش، طرز ادا، سادگی و سلاست کو شبلی شعر کے اصلی اجزاء تصور نہیں کرتے بلکہ ان کو ثانوی حیثیت دیتے ہیں۔اب ذرا یہ بھی دیکھ لینا چاہیے کہ شبلی نعمانی محاکات اور تخیل کی کیا تعریف کرتے ہیں اور شاعری میں اس کے استعمال کو کس طور پر کار آمد خیال کرتے ہیں۔ اس لیے محاکات اور تخیل سے متعلق شبلی کے ناقدانہ خیالات کا سرسری جائزہ پیش ہے۔ کسی چیز یا کسی حالت کا منظر اس طرح بیان کرنا کہ اس کی تصویر آنکھوں میں گھوم جائے محاکات کہلائے گی۔ تصویر اور محاکات میں فرق واضح کرتے ہوئے شبلی کہتے ہیں کہ تصویر ہر جگہ محاکات کا ساتھ نہیں دے سکتی ہمارے گرد و پیش میں بہت سارے حالات، واقعات و اردات ایسی ہیں جو کہ تصویر کی مکمل پہنچ سے باہر ہیں۔ اس کے لیے شبلی نے عام مصوری اور شاعرانہ مصوری کے باریک اور لطیف فرق کو نہایت خوبصورتی کے ساتھ یوں بیان کیا ہے:

"ایک بڑا فرق عام مصوری اور شاعرانہ مصوری میں یہ ہے کہ تصویر کی اصلی خوبی یہ ہے کہ جس چیز کی تصویر کھینچی جائے اس کا ایک ایک خال و خط دکھایا جائے۔ ورنہ تصویر ناتمام اور غیر مطابق ہو گی۔ بہ خلاف اس کے شاعرانہ مصوری میں یہ التزام ضروری نہیں شاعر اکثر صرف ان چیزوں کو لیتا ہے اور نمایاں کرتا ہے جن سے ہمارے جذبات پر اثر پڑتا ہے۔ باقی چیزوں کو وہ نظر انداز کرتا ہے یا ان کو دھندلا رکھتا ہے کہ اثر اندازی میں خلل نہ آئے۔"

(شعر العجم جلد چہارم، علامہ شبلی نعمانی، ص ۱۰)

مصوری اور محاکات کے اس باریک فرق کو شبلی نے ایک شعر کے ذریعے پوری طرح صاف کر دیا ہے:

کھا کھا کے اوس اور بھی سبزہ ہرا ہوا
تھا موتیوں سے دامن صحرا بھرا ہوا

گھاس پر اوس کی بوندیں دیکھ کر وہ اثر پیدا نہیں ہو سکتا جو شعر کو پڑھ کر ہو سکتا ہے۔ جیسا کہ پہلے بھی عرض کیا جا چکا ہے کہ مصور کے لیے تمام خط و خال نمایاں کرنا ضروری ہے مگر شاعر تصویر کا ہر جز نمایاں کر کے نہیں دکھاتا۔ حالانکہ ایسے موقعوں پر شاعر کو مشکلات کا سامنا کرنا پڑتا ہے۔ دراصل شاعر کو تخیل کی سب سے زیادہ ضرورت ایسے ہی موقعوں پر پڑتی ہے۔ شبلی سے پہلے حالی نے بھی مقدمہ شعر و شاعری میں تخیل پر زور دیا تھا اور کہا تھا کہ قوت متخیّلہ جس قدر اعلیٰ درجے کی ہوگی اسی قدر اس کی شاعری بھی اعلیٰ درجے کی ہوگی۔ مگر حالی نے قوت متخیّلہ پر کچھ پابندیاں عائد کی تھیں۔ دراصل حالی تخیل پر پابندی لگانے اور اس کو قوت ممیزہ کے تابع رکھنے کے قائل تھے۔ اس لیے تخیل کے استعمال کے لیے حالی نے کچھ شرطیں بھی عائد کی تھیں جبکہ شبلی اس طرح کی کسی پابندی کے قائل نہیں بلکہ وہ شاعر کی آزادی کے خواہاں ہیں اور وہ کسی بھی قسم کی پابندی کو شعر کے لیے ضروری خیال نہیں کرتے۔ شبلی کے نزدیک تخیل قوت اختراع کا نام ہے۔ وہ تخیل کی تعریف مختلف جگہوں پر الگ الگ انداز سے کرتے ہیں:

"شاعری دراصل تخیل کا نام ہے محاکات میں جو جان آتی ہے تخیل ہی سے آتی ہے ورنہ خالی محاکات نقالی سے زیادہ نہیں۔" (ایضاً، ص ۲۴)

"تخیل مسلم اور طے شدہ باتوں کو سرسری نظر سے نہیں دیکھتی بلکہ دوبارہ ان پر تنقیدی نظر ڈالتی ہے اور بات میں بات پیدا کرتی ہے۔" (ایضاً، ص ۲۹)

"قوت تخیل ایک چیز کو سو دفعہ دیکھتی ہے اور ہر دفعہ اس کو ایک نیا کرشمہ نظر آتا ہے۔ پھول کو تم نے سینکڑوں بار دیکھا ہو گا اور ہر دفعہ تم نے صرف اس کے رنگ و بو سے لطف اٹھایا ہو گا، لیکن شاعر قوت تخیل کے ذریعہ سے ہر بار نئے نئے پہلو سے دیکھتا ہے اور ہر دفعہ اس کو ایک نیا عالم نظر آتا ہے"۔ (ایضاً، ص ۳۳)

ان تمام تعریفوں سے پتہ چلتا ہے کہ شبلی نعمانی نے تخیل کے مسئلے پر کتنا غور و خوض کیا ہے اور تخیل کی کارگردگی کو شاعری کے ساتھ فلسفہ تک میں ڈھونڈ نکالا ہے۔ ان تمام باتوں کے ساتھ شبلی نعمانی تخیل کو محدود اور تنگ دائرے سے باہر نکالنے کے لیے کائنات کے مشاہدے کو ضروری خیال کرتے ہیں۔ اسی طرح حالی نے تخیل کے ساتھ ساتھ کائنات کے مطالعے کی شرط عائد کی تھی۔ فرق اتنا ہے کہ حالی شاعری کو اخلاق کا پابند سمجھتے تھے اور اسے تعمیری مقصد کے لیے استعمال کرنا چاہتے تھے اس لیے وہ قوت متخیّلہ پر کچھ پابندی عائد کرنا ضروری سمجھتے ہیں مگر شبلی کا مزاج رومانیت سے کافی حد تک قریب ہے وہ شاعر کے لیے پوری آزادی چاہتے ہیں جس کی وضاحت ان کے ذیل کے اقتباس سے بخوبی ہوتی ہے:

"وہ شاعری جو ہر قسم کے جذبات کا آئینہ بن سکتی ہو جو فطرت انسانی کے راز کھول سکتی ہو، جو تاریخی واقعات کو دلچسپی کے منظر پر لا سکتی ہو، جو فلسفۂ اخلاق کے دقائق بتا سکتی ہو، اس کے لیے ایسا محدود تخیل کیا کام آ سکتا ہے؟ تخیل جس قدر قوی، باریک، متنوع اور کثیر العمل ہو گی اسی قدر اس کے لیے مشاہدات کی زیادہ ضرورت ہو گی"۔

(ایضاً، ص ۳۹-۴۰)

اس اقتباس سے بخوبی اندازہ لگایا جا سکتا ہے کہ بہترین اور اعلیٰ شاعری کے لیے محدود تخیل کی نہیں بلکہ وسیع مشاہدے کی ضرورت پڑتی ہے۔ شاعر پر کسی طرح کی

پابندی اس کو محدود دائرے میں مقید کر سکتی ہے۔ یہی وجہ ہے کہ شبلی کے نزدیک شاعری مکمل آزادی کے اظہار کا نام ہے۔ لفظ و معنی پر بھی شبلی اپنی رائے مختلف انداز میں پیش کرتے ہیں۔ شبلی نعمانی سے پہلے الطاف حسین حالی نے مقدمہ شعر و شاعری میں لفظ و معنی اور ان میں سے ایک کی فضیلت یا دوسرے کی، اس موضوع پر تفصیلی اظہار خیال کیا تھا۔ مگر چونکہ یہ معاملہ مشرقی تنقید کا ایک اہم مسئلہ تھا اس لیے شبلی نے بھی اس مسئلے پر اپنے طور پر تفصیل سے اظہار خیال کیا ہے۔ یہاں شبلی اور حالی کے نقطۂ نظر میں اختلاف پایا جاتا ہے۔ حالی کا جھکاؤ لفظ سے زیادہ معنی کی طرف نظر آتا ہے جبکہ شبلی کا جھکاؤ لفظ کی طرف زیادہ ہے۔ یعنی شبلی کے نزدیک مواد سے زیادہ ضروری اسلوب ہے۔ اس ضمن میں شبلی لکھتے ہیں :

"مضمون تو سب پیدا کر سکتے ہیں شاعر کا معیار کمال یہی ہے مضمون ادا کن لفظوں میں کیا گیا ہے اور بندش کیسی ہے"۔ (ایضاً، ص ۵۵)

جیسا کہ ہم سب جانتے ہیں کہ لفظ اور معنی کا رشتہ بالکل ایسا ہے جیسا روح اور جسم کا۔ کتاب العمدہ میں باب 'فی اللفظ والمعنی" کے تحت ایک عنوان قائم کیا گیا ہے جس سے لفظ و معنی کا رشتہ پانی کی طرح واضح اور صاف ہو جاتا ہے۔:

"لفظ جسم ہے اور مضمون روح ہے دونوں کا ارتباط باہم ایسا ہے جیسا روح اور جسم کا ارتباط کہ وہ کمزور ہو گا تو یہ بھی کمزور ہو گی، پس اگر معنی میں نقص نہ ہو اور الفاظ میں ہو تو شعر میں عیب سمجھا جائے گا۔۔۔ اسی طرح اگر لفظ اچھے ہوں لیکن مضمون اچھا نہ ہو تب بھی شعر خراب ہو گا اور مضمون کی خرابی الفاظ پر بھی اثر کرے گی۔" (ایضاً، ص ۵۴)

اس قتباس کی روشنی میں یہ بات تسلیم کرنی پڑتی ہے کہ لفظ اور معنی دونوں ایک دوسرے کے بنا ادھورے ہیں۔ دراصل علمائے عرب میں دو گروہ پائے جاتے تھے۔

ایک گروہ معنی کو اہمیت دیتا تھا اور دوسرا الفاظ کو۔ شبلی اس بات کو تسلیم کرتے ہیں کہ انشا پردازی کا سارا کمال لفظوں میں پوشیدہ ہوتا ہے۔ شبلی نے الفاظ کی ساخت وہیئت اور تناسب پر بھی زور دیا ہے۔ چونکہ فصیح الفاظ ترتیب اور تناسب ہی معمولی خیالات کو غیر معمولی بنادیتے ہیں۔ اس بات کی وضاحت میں شبلی نے میر ضمیر اور میر انیس کے کلام سے وہ مثالیں پیش کی ہیں جن کے موضوعات تو کم و بیش ایک جیسے ہیں مگر الفاظ کے ردوبدل نے کلام کو کہاں سے کہاں پہنچا دیا ہے۔ شبلی کہتے ہیں:

"حقیقت یہ ہے کہ شاعری یا انشا پردازی کا دار و مدار زیادہ تر الفاظ پر ہی ہے، گلستاں میں جو مضامین اور خیالات ہیں، ایسے اچھوتے اور نادر نہیں، لیکن الفاظ کی فصاحت اور ترتیب اور تناسب نے ان میں سحر پیدا کر دیا ہے"۔ (ایضاً، ص ۵۵)

موازنۂ انیس و دبیر اور شعر العجم میں شبلی نے بار بار اس بات پر زور دیا ہے کہ شاعری کی عظمت کا سارا دار و مدار محاکات یا الفاظ کی فصاحت و بلاغت پر ہے۔ شبلی الفاظ کو دو حصوں میں تقسیم کر کے دیکھتے ہیں:

"الفاظ متعدد قسم کے ہوتے ہیں بعض نازک، لطیف، شستہ، صاف رواں اور شیریں اور بعض پر شوکت، متین، بلند۔ پہلی قسم کے الفاظ عشق و محبت کے مضامین ادا کرنے کے لیے موزوں ہیں۔ عشق و محبت انسان کے لطیف اور نازک جذبات ہیں اس لیے ان کو ادا کرنے کے لیے لفظ بھی اسی قسم کے ہونے چاہیے۔" (ایضاً، ص ۵۸)

الفاظ کی اہمیت کے باوجود شبلی یہ بھی مانتے ہیں کہ معنی سے بالکل لاپرواہی بھی نہیں برتنی چاہیے۔ چونکہ مضمون کتنا ہی بلند اور نازک ہو اگر الفاظ مناسب نہ ہوں تو شعر میں تاثیر پیدا نہیں کی جاسکتی۔ اس لیے شبلی کا مزید یہ کہنا کہ الفاظ کے مختلف اثرات ہر کیفیت میں بدلتے رہتے ہیں۔ معنی کے لحاظ سے الفاظ پر کیا اثر پڑتا ہے یا جملے کی ساخت و

ترتیب اگر ٹھیک ہو تو شعر کیسے کامیاب بن جاتا ہے، ان کی نکتہ رسی کا ثبوت فراہم کرتا ہے۔ ان تمام معروضات کی روشنی میں ۸ یہ اندازہ ہو جاتا ہے کہ شبلی کا نقطہ نظر 'تخیل' تشبیہ و استعارے یا لفظ و معنی کے بارے میں کیا تھا۔ ظاہر ہے کہ شبلی کا جھکاؤ الفاظ پر زیادہ ہے۔ شبلی نے اس بات کو نظر انداز کر دیا کہ لفظ و معنی کو ایک دوسرے سے الگ کرنا مناسب نہیں نہ ایک دوسرے کو کسی پر مقدم سمجھنا ٹھیک ہے۔ یہی وجہ ہے کہ بیشتر جگہ شبلی کی تنقید تشریحی قسم کی ہو جاتی ہے وہ ایسے شاعروں سے پوری طرح انصاف نہیں کر پاتے جن کے یہاں معنی کی وسعت کے ساتھ اسلوب بیان علامتی پیچیدہ یا تمثیلی پایا جاتا ہے۔ یہاں تک کہ بیدل اور غالب کی فارسی شاعری کو نظر انداز کرنا اور مولانا روم کی شاعری کو یہ کہہ کر الگ کر دینا کہ ان پر سوانح لکھی جاچکی ہے یا پھر مولانا روم کی مثنوی پر تبصرہ کرتے ہوئے لکھنا کہ ان کے کلام میں روانی بر جستگی حسن ترکیب کے ساتھ غریب اور نامانوس الفاظ بھی پائے جاتے ہیں۔ اس طرح کا رویہ شبلی کے شایان شان نہیں معلوم ہوتا۔ پھر یہ کہ صرف اپنی پسند اور ناپسند کی بنا پر کبھی کبھی شاعروں کے کلام سے مثالیں پیش کرنے لگتے ہیں اور ان کو بڑا شاعر ثابت کرنے کی کوشش کرتے ہیں۔ در اصل شبلی کی تنقید جس مشرقی روایت کے سہارے آگے بڑھتی ہے اس میں نقد الشعر، العمدہ، قابوس نامہ، چہار مقالہ، اور حدائق البلاغت جیسی عربی اور فارسی تنقید کی اہم اور مرکزی کتابوں کو بنیادی اہمیت دی جاتی ہے۔ در اصل شبلی ذوقی اور تحسینی نقاد تھے ان کا جمالیاتی ذوق بہت رچا ہوا تھا۔ وہ اچھے شعروں کی داد دیے بنا نہیں رہ سکتے تھے اس لیے اچھے اشعار سن کر شبلی پر وجد کی کیفیت طاری ہو جاتی تھی۔ شبلی نے شاعری کو پرکھنے کے جو معیار وضع کیے تھے عموماً اسی کی روشنی میں اشعار کو دیکھتے اور پرکھتے تھے۔ اس کے بعد فیصلہ کرتے تھے۔ یہ شاعری اچھی ہے یا بری؟ اس بات سے انکار نہیں کیا جاسکتا ہے کہ

شبلی نے فارسی شاعری کے بہترین فن پاروں کو اس کتاب میں سمو لیا ہے اور اس کی تشریح و ترجمانی پر اثر انداز میں کرنے کی کوشش کی ہے۔ شبلی کا یہ وہ کارنامہ ہے جس کی اہمیت و افادیت سے انکار نہیں کیا جاسکتا اور یہی بات اردو تنقید میں شبلی کی ناقدانہ صلاحیتوں کو منوانے کے لیے کافی ہے۔

***